GOTTESDIENST PRAXIS SERIE A

Arbeitshilfen für die Gestaltung
der Gottesdienste im Kirchenjahr

Herausgegeben von Erhard Domay

Gütersloher Verlagshaus

GOTTESDIENST-PRAXIS

I. Perikopenreihe

Band 3: Trinitatis bis 14. Sonntag nach Trinitatis

Gütersloher Verlagshaus

Die Deutsche Bibliothek - CIP-Einheitsaufnahme

Gottesdienstpraxis. - Gütersloh : Gütersloher Verl.-Haus.

Ser. A, Arbeitshilfen für die Gestaltung
der Gottesdienste im Kirchenjahr.
Perikopenreihe 1. hrsg. von Erhard Domay.
NE: Domay, Erhard [Hrsg.]; Arbeitshilfen für die Gestaltung
der Gottesdienste im Kirchenjahr

Bd. 3. Trinitatis bis 14. Sonntag nach Trinitatis. - 1997
ISBN 3-579-02938-X

ISBN 3-579-02938-X

Umschlagentwurf: Franz Wöllzenmüller, Oberhaching
Umschlagbild: © Johannes Schreiter, Langen, S. D. G., 2/1995/F.
Die hier wiedergegebene Reproduktion entspricht dem Original:
Fenster in einem Privathaus, 108 x 159 cm.
Satz: Fotosetzerei Steggemann, Herford
Druck und Bindung: Ebner Ulm

Gedruckt auf chlorfrei gebleichtem Werkdruckpapier

Printed in Germany

Inhalt

Trinitatis

Annäherungen an den Predigttext Johannes 3,1-8 (9-15)

Dietrich Zeilinger

Gespräch im Grundkurs Religion 12/1 im Rehazentrum Neckargemünd, 9.2.1995

1. *Spontane Reaktion*
- Das Ganze hat etwas Geheimnisvolles: Nacht, Neugeburt, Wasser, Wind, Geist.
- Das macht neugierig auf das, was damit gemeint ist.
- Mich stört, daß es heißt: Der Geist weht, wo er will ... Wie kann man dann wissen, ob man dazugehört?

2. *Was fällt mir dazu ein?*
- Pharisäer, bei Nacht, das erinnert an jüdisches Schicksal, verfolgt zu werden, und das Abstempeln jüdischer Menschen.
- Neue Geburt als Eintritt ins Reich Gottes - ist das nicht auch das Vokabular mancher Sekten?
- Viele Menschen sehnen sich danach, neu geboren zu werden, eine zweite Chance zu erhalten.
- Wenn ich nochmal auf die Welt käme, würde ich vieles anders machen!
- Neugeburt klingt fast wie Reinkarnation.
- »Geboren aus Wasser«, dazu fällt mir das Fruchtwasser ein und die Taufe.
- Bei »Zeichen« in Vers 2 denke ich an Verkehrszeichen oder Zeichen mit der Hand.

3. *Was ist rätselhaft?*
- Die ganze Geschichte kommt mir rätselhaft vor, weil alles so bildhaft gemeint ist, daß man es erst entschlüsseln muß. Nichts erscheint ganz eindeutig.
- Der Gegensatz Fleisch - Geist in Vers 6 ist schwer zu verstehen.
- Ja, das »riecht« nach zwei gegensätzlichen Welten. Oder nach Leibfeindlichkeit.

4. *Entspricht etwas heutiger Lebenserfahrung?*
- Daß ein Gelehrter zu einem Zimmermann kommt, das wäre heute noch ungewöhnlicher.

- Aber manche »Gebildete« suchen doch gerade heutzutage Heilpraktiker, Geistheiler, Wundertäter auf!
- Ich denke, solch ein Dialog auf der Suche nach Sinn und Wahrheit wirkt recht modern.

5. *Wo will ich dem Text widersprechen?*
(Jetzt erst wird der Kontext betrachtet)
- Das Willkürliche am Wirken des Geistes steht in Spannung zum Tun der Wahrheit in Vers 21.
- Im zweiten Teil predigt Jesus den Nikodemus an. Das ist kein Dialog mehr!
- Vers 13 klingt so von oben herab: das vom Himmel-Kommen des Menschensohns.

6. *Was sagt der Text mir persönlich?*
- Der Glaube an Jesus fordert eine bewußte Entscheidung. Man muß neu geboren werden, neu anfangen, die eigene Lebenseinstellung ändern.
- Ich stelle mir das mit der Neugeburt anders vor. Ich denke, es geht um eine Entwicklung, wie bei einer Schwangerschaft. Und die kann 9 Monate, Jahre oder ein Leben lang dauern.
- Hauptsache, ich bin dabei, habe die Chance und nehme sie wahr!

Zum Gottesdienst

Wolfgang Herrmann

Exegetisch-homiletische Skizze

Was haben wir da für einen Text? Ein Gespräch? Oder doch eher einen Monolog? Wir lesen einen beziehungsreichen, vielschichtigen Text, - voller Anspielungen, doppeldeutig und geheimnisvoll umkreist er ein Geheimnis. Ins Gewebe des Textes sind unterschiedliche Fäden verwoben, die ihn mit weiten geistigen Zusammenhängen verknüpfen: Alttestamentliche (Anspielungen auf die Schöpfung, Erinnerung an Mose), synoptische (die Rede vom Reich Gottes, die Taufe) und hellenistische (die Mysterien der Wiedergeburt). Bei den Worten über »Fleisch und Geist« denken wir an Paulus, aber auch an die Gnosis.
Wohin führt uns dieser Text? Es geht darum, ein anderer/eine andere zu werden, einzutreten in das Reich des Heiligen und die Todesgefahr des Lebens - hier beziehungsreich vergegenwärtigt durch die todbringenden Wüstenschlangen - zu überwinden. Sich verändern, die Verhältnisse von gestern und vorgestern hinter lassen, geistig wachsen: Das bedeutet aller-

dings einen Schritt ins Ungewisse; wir geraten ins Offene, auf schwankenden Boden, wie Walter Rebell beobachtet:
»Schaut man die Nikodemus-Perikope insgesamt an, so gilt offenbar, daß der Rezipient die Rolle Jesu übernehmen kann und soll und ihn zugleich gegen sich hat; es gilt, daß er Nikodemus belehrt und sich zugleich sagen lassen muß, daß er um nichts verständiger ist als dieser. Durch diese Taktik des Textes wird der Rezipient positionslos; der Boden unter seinen Füßen schwankt. Der Text manövriert den Rezipienten in eine Situation hinein, in der das bisherige Selbstverständnis und die bisherige Selbstdefinition total infrage gestellt werden; nur in einer solchen Situation, so scheint der Evangelist anzunehmen, ist eine Veränderung möglich.« (W. Rebell, Gemeinde als Gegenwelt. Zur soziologischen und didaktischen Funktion des Johannesevangeliums, BET 20, Frankfurt 1987, S. 170)
Das Gespräch des Nikodemus kann als frühes Beispiel des christlich-jüdischen Dialogs gelesen werden; – allerdings aus christlicher Sicht! (Es wäre reizvoll, dasselbe Gespräch aus jüdischer Perspektive aufgezeichnet zu finden.) Die Gemeinde des Evangeliums befand sich offenbar in einer bedrängten Minderheitenposition und in einer massiven Auseinandersetzung mit ihrer jüdischen Um- und Mitwelt. Das Evangelium leistet eine schöpferische, aber heikle Aufarbeitung dieser Situation: »die Unsicherheit, in welche die Gemeinde in soziologischer Hinsicht gedrängt worden ist, wird theologisch aufgenommen und in einen Impuls zur Dynamisierung des Christseins umgesetzt.« (Rebell, S. 176)
Auf dem Hintergrund dieser Auseinandersetzung ist die vorsichtige Haltung des Nikodemus verständlich; er ist der »heimliche Jünger«, der Jesus zunächst nur im Dunkel der Nacht aufsucht. Wobei dieses Dunkel freilich auch auf das Licht verweist, das Jesus selber ist (8,12). Diese Hell-Dunkel-Stilisierung birgt freilich den Keim des späteren Antijudaismus mit allen furchtbaren Folgen in sich! Später (7,50) wird Nikodemus (im Synhedrium?) Jesus zu schützen versuchen und zur Rechtsstaatlichkeit mahnen. Und schließlich (19,39) begegnen wir ihm mit einem einflußreichen und ebenso heimlichen Jünger, nämlich Josef von Arimathäa, beim traurigen Geschäft der Grablegung.
Wir lesen das Johannesevangelium als eine Folge von Begegnungen und Gesprächen: im vierten Kapitel begegnen wir Jesus in einem intimen Gespräch mit der Samaritanerin über das Leben und den Geist; später wird er mit den Jüngern über Tod und Auferstehung reden, mit Pilatus über die Macht, mit Thomas über den Glauben. Immer wieder geht es um das Sichtbare und das Unsichtbare, um die diesseitige und die andere Wirklichkeit, um das Überschreiten der gewohnten Bahnen und um die Sehnsucht nach dem wahren Leben, in dem der Durst gestillt, die Fragen beantwortet sind. Doch der Durst nach Leben, die suchenden Fragen sind die Voraussetzung für den neuen Anfang. Der Anfang – beginnt nicht das Evangelium, ja beginnt nicht die Bibel überhaupt mit eben diesem Wort? Das Gespräch mit

Nikodemus dreht sich um dieses Thema, um die Rückkehr zum göttlichen Ursprung. Diese Rückkehr ist ein Bruch im bisherigen, als unzulänglich erfahrenen Leben. Sie wird wie eine zweite Geburt erfahren, die im Unterschied zur ersten Geburt als geistiges Geschenk erlebt wird. Diese »Geburt von oben« ist nicht machbar; denn der göttliche Geist - der der Atem der Schöpfung selber ist - läßt sich nicht einfangen und manipulieren.

Erfahrung und Symbol des neuen Anfangs ist die Taufe, - die Geburt »aus Wasser und Geist«; und das Gespräch spiegelt die komplexe Struktur dieses Symbols. Der Evangelist läßt dem Nikodemus-Gespräch die Passage über das letzte Zeugnis Johannes des Täufers folgen, vorbereitet in unserem Text u. a. durch das Stichwort Lehrer. Nikodemus bezeichnet aufgrund der »Zeichen«, die er tut, Jesus als »Lehrer, der von Gott gekommen ist«. Jesus gibt ihm (3,10) zurück, er sei »ein Lehrer Israels«. Luther hatte hier sehr feinfühlig »didaskalos« mit »Meister« übersetzt. Es geht darum, daß der Meister zum Jünger wird, der Lehrer zum Schüler; wie etwa Johannes der Täufer im Verhältnis zu Jesus, oder wie Nikodemus, ein »Oberster der Juden« in Jerusalem, gegenüber dem Zimmermann und Wanderprediger aus dem schäbigen Nazareth. (In der Fußwaschungsgeschichte Kapitel 13 wird diese Umkehrung noch einmal aufgegriffen werden!)

Diese Umkehrung spiegelt den Prozeß der Verwandlung und verdeutlicht: Die sichtbaren Zeichen (»semeia«) mögen beeindrucken (vgl. 3,2); der Geist aber ergreift die Menschen und verwandelt sie. So erhält das Gespräch in der Nacht den Charakter einer Initiation. Die viel erörterte Frage über das Verhältnis von Wassertaufe und Geisttaufe stellt sich hier als Teil eines spirituellen Weges dar: »Wasser allein tut's freilich nicht« (Luther), doch ohne die materielle Bodenhaftung in den Elementen, in unseren Körpern, - die ja seine Geschöpfe sind! - würde der Atem des Geistes ins Leere fahren.

Vorschläge zur Liturgie

Berührt dich Gottes Geist mit seiner Wesenheit,
so wird in dir geborn das Kind der Ewigkeit.
(Angelus Silesius, Cherubinischer Wandersmann, II, S. 103)

Psalm

Ich seh' ein Land mit neuen Bäumen.
Ich seh' ein Haus mit grünem Strauch.
Und einen Fluß mit flinken Fischen und einen
Himmel aus Hortensien seh' ich auch.

Ich seh' ein Licht von Unschuld weiß.
Und einen Berg, der unberührt.
Im Tal des Friedens geht ein junger Schäfer,
der alle Tiere in die Freiheit führt. -

Ich hör' ein Herz, das tapfer schlägt - in einem
Menschen, den es noch nicht gibt,
doch dessen Ankunft mich schon jetzt bewegt,
weil er erscheint und seine Feinde liebt.

Das ist die Zeit, die ich nicht mehr erlebe.
Das ist die Welt, die nicht von unserer Welt.
Sie ist aus feinstgesponnenem Gewebe
und Freunde, seht und glaubt: Sie hält.

Das ist das Land, nach dem ich mich so sehne,
das mir durch Kopf und Körper schwimmt.
Mein Sterbenswort und meine Lebenskantilene,
daß jeder jeden in die Arme nimmt.

(aus: Hanns Dieter Hüsch, Du kommst auch drin vor, © 1990 Kindler Verlag, München)

Bekenntnis

Gott,
lebendige, formende Kraft,
du rufst uns ins Leben
jeden Tag neu
von Anbeginn an -
an dich glauben wir.

Jesus,
im Abseits geborenes Kind,
du kennst unser Leben.
Sohn einer Verachteten,
Bruder aller Schwachen
bis zum letzten -
auf dich schauen wir.

Geist,
pulsierender, verwegener Herzschlag,
du drängst uns zum Leben.
Ohnmächtige stehen auf,
der Tod erstirbt
alle Tage neu -
auf dich warten wir.

Gemeinschaft,
vielfältiger, bewegter Raum,

du beschenkst unser Leben
mit Liebe und Vergebung,
mit neuen Aufgaben und Erfüllung
heute und morgen -
in dir leben wir.

Geist,
befreiender, tiefer Atem,
du erhältst unser Leben
durch beflügelte Schritte,
durch erwachende Sinne,
alle Tage neu -
auf dich hoffen wir.

Jesus,
gottbegabter Mensch,
du teilst unser Leben
in Freude und Lachen,
in Fragen und Angst
bis zum letzten -
durch dich vertrauen wir.

Gott,
nährende, erhaltende Macht,
du trägst unser Leben
jeden Tag neu,
jetzt und immerfort -
an dich glauben wir.

(Vera Sabine Winkler, in: Rosenstock/Köhler (Hrsg.), Du Gott, Freundin der Menschen, Kreuz Verlag, Stuttgart)

Meditation
Das christliche Leben
ist nicht ein Frommsein, sondern Frommwerden,
nicht Gesundsein, sondern Gesundwerden,
überhaupt nicht ein Sein, sondern ein Werden,
nicht Ruhe, sondern Übung.
Wir sind's noch nicht, wir werden's aber.
Es ist noch nicht getan und geschehen,
es ist aber auf dem Weg.
Es glüht und glänzt noch nicht alles,
es bessert sich aber alles.
(Martin Luther)

Lieder
EG (Ausgabe für die hessischen Kirchen): Gelobet sei der Herr, mein Gott, mein Licht, mein Leben (139); Ein Licht geht auf in der Dunkelheit (557); Es kommt die Zeit, in der die Träume sich erfüllen (560).

Vorschlag zur Predigt

Möglicher Beginn
Natürlich ist das eine Sensation, wenn Jesus auftritt. Wohin er auch kommt, dort ist was los. Staunen, Aufregung, Fassungslosigkeit begleiten seinen Weg. Johannes hat in seinem Evangelium einige Höhepunkte festgehalten: Er beginnt - wie mit einem Fanfarenstoß - in dem kleinen Dorf Kana und der denkwürdigen Hochzeit, als sich am Ende sechshundert Liter Wein in den Wasserkrügen finden. Es folgt ein Paukenschlag in Jerusalem: die Tempelreinigung. Dazu die verblüffenden Heilungserfolge, ungewohnte, kühne Worte und offenbar eine ganz starke persönliche Ausstrahlung.
Die Zahl der Anhänger wächst; Jesus wird zum Star. Heutzutage würde er von Talkshow zu Talkshow weitergereicht werden; die BILD-Zeitung und nicht nur sie hätte ihre Schlagzeilen.
Die professionellen Religionsbetreiber merken auf. Wer ist denn das? Einige fühlen sich zu dem armen Wanderprediger hingezogen, auch wenn sie es öffentlich nicht zugeben wollen. So auch Nikodemus, ein Mitglied der führenden Kreise. In der Nacht findet er den berühmten Rabbi.
(An dieser Stelle sollte der Predigttext gelesen werden.)
Nikodemus also. Ein Mensch, der sucht. Ein Mensch, der angerührt worden ist. Was Jesus getan hat, hat ihm zu denken gegeben, war ein Anstoß, sich auf den Weg zu begeben. Er hat etwas gesehen, hat etwas gehört; - »aber das sind ›Zeichen‹,« sagt Jesus. »Die ›Zeichen‹ sind es nicht, die du suchst. Du suchst die Wirklichkeit, die dahinter ist. Du suchst sie in der Tiefe deines eigenen Wesens. Du suchst Gott.« Die ›Zeichen‹ für sich genommen, - das ist Theater, das sind Sensationen, Show-Effekte.
Das Weinwunder in Kana, die Tempelreinigung - Schlagzeilen von heute, die morgen vergessen sind; denn es kommt eine neue Sensation, eine Katastrophe, ein neuer Star wird die Bühne betreten. Doch Nikodemus spürt: Dahinter steckt etwas anderes. So als sei der festgefügte Panzer des Lebens rissig geworden, durchscheinend für ein anderes Licht. Nikodemus spürt eine Sehnsucht, einen Durst in der Seele, der nach einer anderen Quelle verlangt als den bisher gewohnten.
»In den Augen aller Menschen wohnt eine unstillbare Sehnsucht. In den Pupillen der Menschen aller Rassen, in den Blicken der Kinder und Greise, der Mütter und liebenden Frauen, in den Augen des Polizisten und des Angestellten, des Abenteurers und des Mörders, des Revolutionärs und des Diktators und in denen des Heiligen: In allen wohnt der gleiche Funke

unstillbaren Verlangens, das gleiche heimliche Feuer, der gleiche tiefe Abgrund, der gleiche unendliche Durst nach Glück und Freude und Besitz ohne Ende. Dieser Durst, den alle Wesen spüren ... ist die Liebe zu Gott.« »Wir alle sehnen uns danach, zu Gott zurückzukehren, wie man zur Mutter zurückkehrt. ... Es zieht uns hin zu Ihm wie die Motte zum Licht. Wir sind wie Fische, die nachts, angelockt von der Fackel des Fischers, der mit dem Netzt auf sie wartet, an die Oberfläche steigen ...«
(Ernesto Cardenal, Das Buch von der Liebe, Peter Hammer Verlag, Wuppertal 1991)

Weiterer Verlauf
Hier ist von langen nächtlichen Gesprächen zu erzählen, von der Intimität und Tiefe, die solche Gespräche erreichen können. Und von der Schwierigkeit vieler Menschen, sich »zu bekennen«, zu outen, wie man heute sagt. Es ist wie der erste Schritt des kleinen Kindes, das Laufen lernt, der Schritt über eine Schwelle in ein neues, noch unbekanntes Land, auf schwankenden Boden. Nikodemus wird diesen Weg nach und nach gehen; Jesus läßt ihm Zeit, fordert nicht den plötzlichen Sprung aus dem alten Leben heraus. Daß der Atem Gottes in sein Herz fährt und er den nächsten Schritt gehen wird, ist Gnade. Das kann man nicht machen. Es geschieht, wenn die Zeit reif ist. »Der Wind bläst, wo er will, und du hörst sein Sausen wohl; aber du weißt nicht, woher er kommt und wohin er fährt. So ist es bei jedem, der aus dem Geist geboren ist.«

Möglicher Schluß
Nikodemus und Jesus sprechen über die Taufe, über eine Verwandlung des Lebens, die wie eine neue, eine zweite Geburt ist. Erinnern wir uns an unsere Taufe? Für die meisten ist sie ein fernes, eher sagenhaftes Ereignis. Da war das Wasser; da gab es Worte, einen Taufspruch. Doch wo ist – über den Wassern, in den Wörtern – der Geist? Wie ergreift er mich so, daß ich die göttliche Gegenwart spüre, daß die Todesangst weicht, daß die Schlangengefahr gebannt ist in dieser Wüstenwanderung, die mein Leben ist? Das Gespräch bleibt offen; wir erfahren nicht, was Nikodemus geantwortet hat. Wir wissen nur, er ist seinen Weg gegangen, gewiß bestärkt in seiner Suche, gewiß voll Freude, daß einer so vom Leben, von seiner Sehnsucht, von Gott gesprochen hat wie Jesus. Er ist in der Tiefe angerührt worden; das Wort wird in ihm Fleisch, ergreift und verwandelt sein Leben. Er wird Jesus wieder begegnen. Noch ahnt er nicht, daß das am Karfreitag sein wird, jenem Tag, an dem Jesus sprechen wird: »Es ist vollbracht.«

Kontext

In ihrem Buch »Ein Traum von Christus« (Stuttgart 1987) zitiert Hildegunde Wöller Johannes 3,8 und fährt dann fort: »Es ist ein Merkmal der Gegenwart, daß ein Wind der Veränderung spürbar ist und Bewegungen hervorruft, deren Ideen sich oft mit erstaunlicher Geschwindigkeit über Länder und Kontinente hin ausbreiten. Die Ursachen dieser Bewegungen lassen sich nicht ergründen. Im Hinblick auf die Zeit, in der sie leben, sprechen ihre Mitglieder von ihren Leiden, von ihrer Unzufriedenheit und ihrer Sorge um das Überleben der Menschheit. Woher aber der Impuls kommt, der sie aus Resignation oder Gleichgültigkeit weckt, bleibt unerklärlich. Marilyn Ferguson sprach von einer ›sanften Verschwörung‹, Fritjof Capra faßte diese Erscheinungen unter dem Stichwort ›Wendezeit‹ zusammen. Wassermannzeitalter, New Age, Paradigmawechsel sind weitere Stichworte, die andeuten, was sich im Lebensstil, im Bewußtsein und im Verhalten an neuen Werten zeigt.« (S. 253) Auch das weltweite Wachsen der Pfingstkirchen gibt zu denken.

1. Sonntag nach Trinitatis

Annäherungen an den Predigttext Lukas 16,19-31

Susanne Gröpler

Der erste Gedanke, der uns beim Lesen dieses Textes kam, ist eine Darstellung der volkstümlichen Meinung: Die Reichen (und oftmals Egoistischen, Geizigen) kommen nach dem Leben in die Hölle, die Armen in den Himmel. Dies ist wohl der uralte Traum des Menschen nach ausgleichender Gerechtigkeit. Reich und arm werden auch charakterisiert, wie es in der Volksvorstellung geläufig ist. Reichsein bedeutet kostbare Kleidung, herrlich und in Freuden leben; Armut dagegen Krankheit und Hunger. Bei näherer Betrachtung des Textes läßt sich wohl sagen: Wer im Leben die Gebote nicht beachtet, nicht für den anderen da ist, also keine Nächstenliebe praktiziert, wird dieses auch nicht im Tod erleben.
Wer ist also der Arme, wer der Reiche?
Der Reiche ist namenlos, nur der Arme hat einen Namen in der Geschichte. Ist Reichtum etwas Anonymes?
In Vers 24, also im Tod erst, werden zum ersten Mal menschliche Züge des Reichen sichtbar. Er bittet um Zuwendung und Trost. Dies ist die Geschichte vom Menschsein. Wir alle brauchen Trost, Zuwendung und Geborgenheit. Menschliche Nähe ist wichtig, nicht materieller Reichtum. Aber es gibt ein Zuspät: Wer in seinem Leben nie auch nur etwas Nächstenliebe praktiziert hat, kann es in der Not auch von niemandem erwarten.
Vers 31 bringt es auf den Punkt: Wir müssen jetzt nach Gottes Wort leben, nur die Gegenwart ist für unser Leben wichtig. Haben die Pharisäer, die Zuhörer der Geschichte, richtig gelebt? Wahrscheinlich nicht, deshalb erzählt Jesus die Geschichte.
Zum Schluß des Gemeindegesprächs habe ich eine Predigt von Albrecht Schönherr vorgelesen, die er am 9.6.1985 in der Klosterkirche Cottbus gehalten hat:

... Der jüngste Bruder hatte sich an einer Kleinigkeit gestoßen: Daß uns auf dem Wege zur Gruft ausgerechnet diese paar zerlumpten Leute begegnen mußten! Nicht einmal einen Priester hatten sie. Das hat mir eine Zeitlang die Stimmung verdorben. Ich habe nachher den Friedhofswärter gefragt, warum er die Armenbeerdigung nicht zu anderer Zeit angesetzt hat. Wir kamen ins Gespräch, und er sagte: Den müßten Sie gekannt haben! Das war doch der Lazarus. Den hatten seine Nachbarn immer in das Portal zur Villa Ihres Bruders gelegt. Der war doch gelähmt und mußte betteln. Ich sagte: Nie gesehen! Die Brüder riefen: Lazarus? Das ist ein komischer Name. Hast du das Wort schon mal übersetzt? (Denn die Brüder waren gebildet und hatten die hohe Schule besucht). »Lazarus« heißt: Gott hilft. Da müssen wir aber lachen. Dem hat Gott ja nun gerade nicht so sehr geholfen.

Danach saßen die Brüder noch lange zusammen und waren sich einig, daß ihr Bruder richtig gelebt hatte.

Der jüngste Bruder hat die Nacht darauf nicht gut geschlafen. Er wurde dies Bild nicht los: die armen Leute, die ihm auf dem Friedhof begegnet waren. Wie hat dieser Lazarus bloß ausgesehen? Ich bin doch oft bei meinem Bruder gewesen. Daß ich mich nicht erinnern kann ... Gelähmt soll er gewesen sein und Geschwüre am ganzen Körper gehabt haben. Wahrscheinlich habe ich weggesehen. Ich kann nun einmal kein Elend sehen. Mir wäre schlecht geworden. Aber, zum Teufel, was geht mich dieser Lazarus überhaupt an.

Der jüngste Bruder hielt etwas von Ordnung und Moral. Darum ging er am Sabbat in die Synagoge. Die Lesungen waren aus Mose und den Propheten. Die Stellen regten ihn auf. Er mußte sie sich merken. Da hörte er: »Wenn einer deiner Brüder arm ist in irgendeiner Stadt im Lande, das der Herr, dein Gott, dir geben wird, so sollst du dein Herz nicht verhärten und deine Hand nicht zuhalten gegenüber deinem armen Bruder ... Sonst wird er wieder dich zum Herrn rufen, und bei dir wird Sünde sein.« So stand es im 5. Buch Mose (15,7–9). Und im Propheten Jesaja hieß es so: »Brich dem Hungrigen dein Brot, und die im Elend ohne Obdach sind, führe ins Haus! Wenn du einen nackt siehst, so kleide ihn, und entzieh dich nicht deinem Fleisch und Blut!« (58,7) – »Dein Fleisch und Blut«, »dein Bruder?« Stimmt das denn? Wie kann dieser Mensch aus der Gosse mein Bruder sein? Halt! Gehört er nicht zu meinem Volk? Gehört er nicht zu denen, die Gott aus Ägyptenland befreit hat, damit sie jetzt miteinander *ihm* gehören sollen? Also geht mich Lazarus doch etwas an. Dann war Lazarus Bruder meines Bruders (und meiner auch). Es könnte sein, daß es gar nicht mehr so sicher ist, wer richtig gelebt hat und wer nicht.

Solche Gedanken rumorten in dem jüngsten Bruder des reichen Mannes. Er konnte nicht anders, er mußte seinen Brüdern davon erzählen. Die aber lachten ihn aus: Lieber Bruder, du fängst an zu spinnen. Wir glauben, was wir sehen. Und es ist vor aller Augen: Dein Bruder hat gut gelebt. Er hat Erfolg gehabt und hat es zu etwas gebracht. Wenn es einen Gott gibt, dann hat er ihn gesegnet. Was hat ihn der Arme zu kümmern? Sagtest du nicht, er hat Lazarus geheißen, also »Gott hilft«? Nun, so soll ihm doch Gott helfen, wenn er kann. Was geht uns das an?

Der Jüngste: Wißt ihr denn, wie Gott wirklich über unseren Bruder und den armen Lazarus gedacht hat? Seid ihr so sicher?

Die anderen Brüder: Du glaubst wohl auch an solche grauslichen Geschichten wie ein Leben nach dem Tode mit Hölle und Vergeltung? Damit kannst du uns nicht kommen. Wir glauben, was wir sehen. Wenn Gott es anders meint, soll er doch jemanden aus diesem seltsamen Jenseits bei uns erscheinen lassen; das wäre dann ein Beweis. Dann würden wir uns vielleicht überlegen, ob wir an so etwas glauben wollen wie Jenseits und Gericht.

Aber der Jüngste antwortete: Tut doch nicht so, als ob dann bei euch etwas anders würde! Ihr seid doch viel zu sehr an euer gutes Leben gewöhnt. Ihr würdet sagen: Eine Sinnestäuschung! ...

Ich glaube, der jüngste Bruder hat eine Menge verstanden. Ihm sind die Augen aufgegangen für die Menschen, die er bisher übersehen hatte und die seine Hilfe brauchten. Er hat gemerkt: Jemanden übersehen, kann heißen, Gott übersehen.

Jemanden übersehen ist der Anfang der Lieblosigkeit. Wo keine Liebe ist, herrscht der Tod ...« (Erzähl mir deine Geschichte, herausgegeben und eingeleitet von Helmut Gröpler, Berlin 1989, S. 61 ff.)

Zum Gottesdienst

Klaus Dirschauer

Exegetisch-homiletische Skizze

Die Wirkungsgeschichte der Perikope predigt mit. Wie viele Predigten über die Geschichte vom reichen Mann und armen Lazarus sind seit der eigenen Kindheit gehört, wie viele auch später gelesen und schließlich selbst gehalten worden?

Möglicherweise haben diese Lesarten und Mundarten ein Vorverständnis des Predigttextes geprägt. Der Überblick über die Predigtweisen,[1] die sich auch in den »Annäherungen an den Text« niederschlagen, will dieses Vorverständnis bewußt machen und relativieren.

Das bis in die 30er Jahre dieses Jahrhunderts weit verbreitete *Vademecum homileticum* empfiehlt, über arm und reich, über den Zusammenhang des Jenseits mit dem Diesseits, über Leben und Sterben, über Zeit und Ewigkeit wahlweise zu predigen. *Martin Doerne* dagegen arbeitet in seiner Meditation zum ersten Trinitatissonntag die Unentschuldbarkeit menschlichen Autarkiestrebens heraus. *Helmut Thielicke* stellt fest, daß der Reichtum den Reichen nicht in die Hölle, die Armut den Armen nicht in den Himmel gebracht habe. Lazarus dürfe schauen, was er geglaubt habe, der reiche Mann müsse schauen, was er nicht geglaubt habe. *Helmut Gollwitzer,* der mit seiner Auslegung die Konsequenzen der Weltkirchenkonferenz in Uppsala (1968) zieht, schreibt: »Wer sind wir? Antwort: Wir sind der reiche Mann. Das ist unsere genauste, unbestreitbare Ortsbestimmung. Wir gehören zu dem einen Drittel der Menschheit, das mit Entfettungskuren beschäftigt ist, während die anderen zwei Drittel mit Hunger und Verhungern beschäftigt sind.«

Wie ist danach, heute zu predigen? Ist bereits alles gesagt, auch das Unsagbare? Oder provozieren bereits die kirchlichen Auswirkungen der großen

1) *R.A. Kohlrausch,* Vademecum homileticum. 2000 Predigt-Dispositionen sämtlicher altkirchlicher, Thomasianischer und anderer Perikopenreihen aus den besten Predigten der Neuzeit gesammelt nebst Beobachtungen über die moderne Predigt, Leipzig 1895, ^{4}1928. *M. Doerne,* Er kommt auch heute noch. Predigtmeditationen zu den Alten Evangelien, Leipzig 1937, ^{4}1956. *H. Thielicke,* Das Bilderbuch Gottes. Über die Gleichnisse Jesu, Stuttgart 1957, Seite 49-64. *H. Gollwitzer,* Die reichen Christen und der arme Lazarus, München 1968, Seite 14 f.

Verelendung nach 1945 - durch die Massenarbeitslosigkeit und Einschnitte in das soziale Netz - von vornherein eine gesellschafts-politische bzw. -diakonische Predigt?
Der ganz andere Zugang zu dieser bekannten Perikope erfolgt über fünf Arbeitsschritte, die nicht bloß nachgelesen, vielmehr selbst mitvollzogen werden müssen.

1. Schritt: Die kolumnale Aufbereitung von Lukas 16,19–31

Den griechischen Text aufgeschlagen, wähle ich eine treffende Übersetzung oder fertige selbst eine an. Daraufhin übertrage ich die Übersetzung mit der Schreibmaschine, dem Computer, kolumnal auf ein DIN A4-Blatt: Links Vers 19 - gegenüber rechts Vers 20, darunter Vers 21, links Vers 22 a, rechts Vers 22 b und so weiter. Mit einiger Sorgfalt hergestellt, gewinne ich so auf zwei DIN A4-Blättern meinen Arbeitstext für die Predigtwerkstatt. Die Strukturen der Perikope werden sichtbar. Der Aufbau erschließt sich in der szenischen Abfolge des Dialogs wie von selbst. Im Gegenüber einander zugeordneter Verse tritt das Nacheinander der erzählten Geschichte zurück, tritt die Gleichzeitigkeit in der Gesprächsinteraktion hörbarer hervor.

2. Schritt: Die verbalen Korrespondenzen des Geschehens

Ich unterstreiche oder marke auf meinem Arbeitstext die Verben von Lukas 16,19–31. Die Prädikate geben nicht nur die Grundtönung in der Bilderfolge an, sie erschließen auch zugleich die Raumtiefe des Erzählten. Die Verben geben meinem homiletischen Erkenntnisprozeß ihren Anhalt. Im Vergleich der gegenübergestellten Verse beginnen die Entdeckungen:

Vers 19:	es war	Vers 20:	es war
	kleidete sich		voller Schwären
	Purpur und Byssos		lag
	lebte alle Tage		begehrte sich zu sättigen
	herrlich		Brosamen
	und in Freuden		Hunde

Sie reichen bis Vers 31. Zur Übersetzung einige Anmerkungen: In Vers 20 muß es eigentlich heißen: »der war hingeworfen worden.« Und bei den Brosamen handelt es sich nicht um auf den Boden gefallene Krümel, sondern um Brotfladenstücke, die man zum Händeabwischen gebrauchte und anschließend unter den Tisch warf. Byssos ist als feines Linnen als Unterkleidung vorstellbar.
Möglicherweise stellt »in Abrahams Schoß« gleichsam eine eschatologische Ausdifferenzierung der konkreten Ausrucksweise »zu den Vätern eingehen« (Genesis 15,15), »mit den Vätern liegen« (Genesis 47,30 und Deuteronomium 31,16), »zu den Vätern versammelt werden« (Richter 2,10) dar. Das Sitzen oder Liegen in Abrahams Schoß ist demnach bildlicher

Ausdruck der Liebesgemeinschaft, Sitzanordnung oder Mahlgemeinschaft. Diese hier nur anskizzierten verbalen Korrespondenzen eröffnen auch noch andere Korrespondenzen, etwa die Exklusivität der beiden Tischgemeinschaften, vergleicht man Vers 19 zu 20 *sowie* Vers 24 zu 23, *oder* die Todesnachrichten in Vers 22 der beiden. Es hat den Anschein, als sei des Lazarus Lebensgeschichte mit seinem Tode und Ruhen in Abrahams Schoß abgeschlossen, als ginge die Lebensgeschichte des Reichen im Totenreich noch weiter. Doch es ist nur der Dialog. Im Grunde enthält die in Vers 26 verkündigte unaufhebbare und unüberwindliche Grenzziehung bereits die entgegenlaufenden Intentionen des gesamten Gespräches. Es erinnert ebenso an die Schöpfung wie an das Gericht (vgl. Hiob 38). Der Vers dokumentiert sehr eindrücklich die Unumkehrbarkeit des Lebens, seiner Abläufe und Verhältnisse: »die normative Kraft des Faktischen« (Georg Jellinek). Darum kann der dreibittige Dialog zwischen dem reichen Mann und Abraham nun auch nichts ändern, aber er gibt Aufschluß darüber, weshalb Jesus diese Beispielgeschichte überhaupt erzählt und dieses kommentarlos tut.
Die *erste* Bitte des reichen Mannes an Abraham, in der sich sein vergangenes Sein im künftigen *Sein im Tode* widerspiegelt und durch die Lazarus gleichsam zum *Wasserträger des Erbarmens* werden soll, weist Abraham zurück. Die gegenseitige Anrede klingt vertraut und liebevoll. Der Reiche ist offensichtlich ein Jude. Lazarus wird vom reichen Mann beim Namen genannt.
Die *zweite* Bitte des reichen Mannes an Abraham trägt der in Vers 26 angesprochenen Wirklichkeit voll Rechnung. Der Bittende sieht von sich selbst und seiner Situation ab, nutzt sie jedoch zur *Fürbitte für seine fünf Brüder im Vaterhaus*. Der Reiche hört daraufhin die lapidare Antwort Abrahams: »Sie haben Mose und die Propheten, laß sie dieselben hören.«
Die *dritte* Bitte des reichen Mannes an Abraham nimmt mit dem einleitenden »Nein ...« den Charakter eines Streitgespräches an. An die Stelle der eigenen Bitte und Fürbitte für die Brüder tritt jetzt das *Argument der Totenauferstehung* in einer eigenartigen Wendung des Bisherigen: Hieß es in Vers 24 »sende Lazarus« und wiederum in Vers 27 »daß du ihn in das Haus meines Vaters sendest«, so gewinnt in Vers 30 der Sendbote eine überraschende Selbständigkeit »wenn einer von den Toten zu ihnen ginge«. Und aus dem Munde des Reichen ist das Wort der *Buße* zu hören.
Abraham bleibt in Vers 31 bei seiner Antwort von Vers 29, und ich beginne bei dieser merkwürdigen Antwort die Emmausgeschichte (Lukas 24,13-35) wieder zu lesen.

3. Schritt: Der Perspektivenwechsel - drei Erzählübungen

Ich möchte noch stärker die Innenseite der Geschichte wahrnehmen und ihre Interaktion erfahren. Deshalb beginne ich die ganze Geschichte a) aus der Sichtweise des armen Lazarus, b) vom Standpunkt Abrahams und

c) von der Warte des reichen Mannes her zu erzählen. Ich verlasse damit die Perspektive des lukanischen Erzählers, wechsel das jeweilige Pronomen aus der dritten in die erste Person und die Ortszeit. Zwei Spielregeln sind dabei wichtig: Einmal sollen Informationen, die mir als Erzähler aus der Gesamtgeschichte zur Verfügung stehen, genutzt werden, auch alle Worte gebraucht werden. Zum anderen, möge nichts in die Geschichte hineingetragen, nichts gewertet werden, schon gar nicht etwas psychologisiert werden.

4. Schritt: Lukanische Erkundungen zur Perikope

Ob Lukas 16,19–31 nun als Gleichnis oder Verwandtes, als ein ägyptisches Märchen oder eine jüdische Legende angesehen wird, spielt für den bisher beschrittenen Weg keine Rolle.

a) In der lukanischen Christologie ist Jesus ein Heiland der Armen und der Sünder: In der Feldrede (Lukas 6,20–49) folgt der Seligpreisung »Selig seid ihr Armen ...« das »Doch wehe euch, ihr Reichen ...« Erinnert sei an die Geschichte vom reichen Kornbauer (Lukas 12,13–21) auch an die vom verlorenen Sohn (Lukas 15,11–32), an das Gleichnis vom ungerechten Haushalter (Lukas 16,1–9) sowie die Frage nach dem ewigen Leben (Lukas 18,18–27). Doch zu dieser *geschichtenreichen thematischen Kontextualität der Perikope* gehören noch eine Stelle aus dem Magnifikat (Lukas 1,53) und Jesu Antrittspredigt in Nazareth (Lukas 4,18) hinzu. Jesu Botschaft vom anbrechenden Gottes Reich bringt in der Verhältnisbestimmung des Menschen zu Gott konsequent eine Veränderung der sozialen Verhältnisse mit sich. Doch dieser Satz ist offenbar nicht umkehrbar.

b) »Mose und die Propheten« kommt bei Lukas nur zweimal vor. Der Bezug in der *Emmaus-Perikope* ist doch der: Der auferstandene Jesus, der mit den beiden Jüngern nach Emmaus auf dem Wege ist, den sie nicht erkennen, weil ihre Augen gehalten sind und dem sie erzählen, was in den letzten Tagen in Jerusalem geschehen ist, beginnt ihnen die Schrift, von »Mose und den Propheten« angefangen auf sich hin auszulegen. Die Augen gehen ihnen erst auf beim Brotbrechen beim Abendmahl, als er mit ihnen nahe Emmaus einkehrte, und hinterher bekennen sie, daß ihnen das Herz brannte, als er ihnen die Schrift erklärte. Ganz offensichtlich bedarf die Begegnung mit dem Auferstandenen dieser Schrift-Anamnese. Das ist der Grund dafür, weshalb Abraham das eifernde Ansinnen des reichen Mannes so deutlich zurückweist und darauf hinweist: »Hören sie Mose und die Propheten nicht, so werden sie auch nicht glauben, wenn jemand von den Toten aufstünde.«

c) Nun läßt Lukas ja Jesus diese Geschichte vom reichen Mann und armen Lazarus erzählen. Auch als seine eigene Geschichte zwischen Bethlehem und Golgatha. Es ist eine *Umkehrgeschichte,* deren vergebliches Bemühen sich im Totenreich spiegelt, deren Dringlichkeit durch Jesu eigene Person unmittelbar angeht. Er ist unterwegs nach Jerusalem. Seine Botschaft hören die Zöllner und die Sünder, die Schriftgelehrten und Pharisäer. Das sind die, die ihn vor Herodes warnen (Lukas 13,31), bei denen er einkehrt und zu Tische sitzt (Lukas 14,1), die über ihn murren (Lukas 15,1), die ihn verhöhnen (Lukas 16,14). Sein Wort hören offensichtlich auch seine Jünger.

5. Schritt: Die perikopale Konsonanz von Lukas 16,19-31

Ich lese die sechs Perikopen des ersten Sonntags nach Trinitatis und seinen Psalm. Wie versprechen sich diese Schriftzeugnisse gegenseitig? Was geschieht, wenn Lukas 16,19-31 in ihre Mitte rückt? Wie verhalten sie sich zur Predigtperikope? Vielleicht so: »Dieses Jahr bist du dran. Wir haben dir etwas zu sagen, etwas mit auf den Weg zu geben. Achte darauf auf deinem Weg zum Altar, zur Kanzel.« Ich fange bei Mose und den Propheten an:
VI Deuteronomium 6,4-9: Schma Jisrael
IV Jeremia 23,16-29: Gottes Nähe, Gottes Ferne - sein Gericht
Psalm 34,2-11: Vers 8 im Vergleich zu Lukas 16,22
V Matthäus 9,35-38; 10,1 (2-4) 5-7: Jüngerberufung
III Johannes 5,39-47: Ewiges Leben in der Heiligen Schrift
II 1. Johannes 4,16b-21: Furcht ist nicht in der Liebe
Jesus ist der Katechet des Gotteserbarmens. Durch ihn tritt das Szenario des Gespräches im Totenreich zurück. Im Tempel und in den Synagogen, in denen Mose und die Propheten nach einer geltenden Ordnung öffentlich gelesen wurden, auf den Straßen und Märkten, in den Häusern, auf dem Lande und anderswo bringt Jesus selbst die eschatologische Dringlichkeit der gehörten Heiligen Schrift zur Sprache. »Wer die Tora vermehrt - mehr Leben« *(Bärbel Goedeking).* Das ist der wahre Reichtum Israels.

Vorschläge zur Liturgie

Eingangslied: Nun bitten wir den Heiligen Geist (EG 124)

Psalmlesung 34,1-23

Spruch vor dem Kyrie: Jeremia 23,17-18

Spruch vor dem Gloria: 1. Johannes 4,16-18

Kollektengebet
Herr, unser Gott, in dieser pfingstlichen Zeit gedenken wir Deines großen Geheimnisses: Gott-Vater, Gott-Sohn, Gott-Heiliger Geist. Öffne unsere Ohren, daß unser Herz Dein Wort höre. Gehe mit uns Deinen Weg, Emmaus-Bruder. Amen.

Altarlesung: Deuteronomium 6,4–9

Credo

Gemeindelied: In Ängsten die einen (EG 624,1–2)

Predigtlied: So wahr ich lebe (EG 234,1–5)

Fürbittengebet
Lasset uns beten zu Gott, dem Vater aller Menschen. Für alle, die an verantwortlicher Stelle ein Amt bekleiden. In der Politik und Wirtschaft, im Staat und in der Gesellschaft, in der Kirche. Daß sie nicht nach eigener Ehre und persönlichem Vorteil suchen, sondern dem geschärften Gewissen folgen und die ihnen anvertrauten Menschen nicht um ihre Würde bringen. Für alle, die sich von der Kirche verlassen fühlen, die sie längst verlassen haben. Denen wir Schwestern und Brüder möglicherweise Gottes Wort und die Gemeinschaft seines Sakraments im Hören und Schweigen, im Fragen und Antworten, im Trösten und Aufrichten schuldig geblieben sind. Für die, die hungern und dürsten überall auf der Welt nach Deiner Gerechtigkeit. Daß ihnen geholfen werde, bis sie sich selbst helfen können. Weil unsere Erde reich genug ist, allen Menschen das tägliche Brot zu schenken. Dein tägliches Wort zu reichen.
(Raum für die konkrete Fürbitte der Gemeinde).

Vaterunser

Schlußlied: Verleih uns Frieden gnädiglich (EG 421)

Orgelspiel

Vorschlag zur Predigt

Möglicher Anfang
Die Geschichte Jesu vom reichen Mann und armen Lazarus, liebe Gemeinde, die uns Lukas erzählt, ist eine Umkehrgeschichte. Ihre Botschaft lautet nicht, daß die Reichen - damals wie heute - weniger reich, die Armen - damals wie heute - weniger arm sein müßten. So, als gehe es im Leben ethisch nur um einen sozialen Ausgleich, im Tode religiös um eine vergeltende Gerechtigkeit.
Die sehnliche Bitte des reichen Sohnes an Vater Abraham im Totenreich ist ja deutlich zu hören. Sie läuft auf ein Buße-tun hinaus, auf eine radikale Umkehr des bisher geführten Lebens in seinem Vaterhaus. Doch der Reiche bittet vergeblich im Gericht. Deshalb denke keiner unter Ihnen, der

Arme käme in den Himmel, weil er so arm sei, der Reiche käme in die Hölle, weil er so reich sei.
Mit der Antwort Abrahams geraten wir mit den Zuhörern der Erzählung selbst in Jesu Geschichte. Wir sind im Spiel. Das könnte so aussehen: Hören wir nicht auf Mose und die Propheten, auf Gottes Wort, wie werden wir dann nach den Toten fragen? Warum sollten wir dann einem glauben, glauben können, der von den Toten auferstanden ist? Es ist Jesu ureigene Geschichte - von seinem Leben, Sterben und Auferstehen - die Lukas in dieser Beispielgeschichte widerspiegelt und so für alle Zuhörer erschrekkend auf den Punkt bringt.

Möglicher Mittelteil
Dem Mittelteil der Predigt kommt die Aufgabe zu, vergewissernd biblisch herauszuerzählen, nicht argumentativ rational nachzuweisen, weshalb der Osterglaube der Gemeinde der Heiligen Schrift bedarf. Es geht doch um die Trias: Heilige Schrift, Buße, Auferstehung, um das Hören, Tun, Glauben. Bei diesem Arbeitsschritt können die beiden Sätze *Martin Kählers* Weg weisend werden: »Der wirkliche Christus ist der gepredigte Christus. Wir glauben nicht an Christum um der Bibel willen, sondern an die Bibel um Christi willen.«[2] Und noch eines: Weg von der Geschichte zu dem, der sie erzählt. Weg von dem Büßen zum Bußruf. Weg von dem vergeblichen Flehen im Totenreich hin zur Verkündigung des Reiches Gottes.

Möglicher Schlußteil
Nun sind wir gar nicht weiter auf die soziale Frage zu sprechen gekommen. Also bleibt alles mehr oder weniger so, wie es war und wie es ist? Oder gar: Die Kirche steckt im Lazarus-Turm ihrer fiskalischen Befangenheit? In der sogenannten dritten wie in der ersten Welt werden die Reichen noch reicher, verelenden die Armen immer mehr. Nein. Die Umkehr zu Gott ist klein bloßer Rollenwechsel. So, als ließe es sich jetzt der Lazarus im Haus des Reichen gutgehen, während der enteignete Hausherr als armer Schlukker vor der eigenen Tür herumlungert. Eine derartige Vorstellung mag Sie amüsieren oder befriedigen. Sie ist keine Umkehr zu Gott, lediglich eine Umkehr der Verhältnisse, die dadurch schließlich nicht gerechter werden. Gewiß, die Umkehr zu Gott und seinem Wort geht an den nervus rerum, an die Wurzel meiner Existenz. Amen.

2) *M. Kähler,* Der sogenannte historische Jesus und der geschichtliche, biblische Christus. THB 2, München ²1956, Seiten 44 und 52.

2. Sonntag nach Trinitatis

Annäherungen an den Predigttext Lukas 14, (15) 16–24

Günter Thomé

1. Zum Text haben sich zwei Berufsschulklassen im Religionsunterricht Gedanken gemacht: Sozialversicherungskaufleute (Schülerinnen und Schüler einer Kaufmännischen Schule; 20–25 Jahre); Kinderpflegerinnen (Projekt mit alleinerziehenden Müttern an einer Bildungsanstalt für sozialpädagogische Berufe; 31–38 Jahre).
Grundlage ist die revidierte Lutherbibel, deren Wortlaut mehrheitlich als antiquiert und verständnishemmend erfahren wird.
Vers 20 »Ich habe eine Frau *genommen;* darum kann ich nicht *kommen«,* ruft bei jüngeren Schülern sexistische Konnotationen hervor.

2. Der Zorn auf die absagenden Gäste trifft auf Verständnis:
»Ich kann verstehen, daß der Hausherr zornig ist, da man selber auch zornig sein würde, wenn die geladenen Gäste kurz vorher absagen, sodaß die ganze Vorbereitung umsonst war.«
Deren Freundschaft wird hinterfragt: »Wenn Freunde und Bekannte ständig ›wichtigere Dinge‹ zu tun haben, muß ich mich fragen, ob dies die ›richtigen‹ Freunde sind. Man kann seinen Freundeskreis ändern, wenn man enttäuscht ist.« (Alleinerziehende)
»Der Schlußsatz klingt nach Rache an den geladenen Gästen.«
Zwei Schülerinnen können auf eigene Erlebnisse zurückgreifen:
»Es ist eine Kränkung des Gastgebers, zu der Einladung nicht zu erscheinen. Das Zubereiten eines Mahles kostet Mühe und Geld. Beides ist gegenüber Gästen, die nicht erscheinen, eine Vergeudung. Ich selbst habe diese Erfahrung auch schon gemacht. Von vier eingeladenen Paaren kam nur eines. Ich erinnere mich, daß ich vor Zorn und Traurigkeit geweint habe ... Wir hatten dann die Idee, ein paar Nachbarn, die wir schon länger etwas näher kennenlernen wollten, zu fragen, ob sie wohl Lust und Zeit hätten, mit uns zu essen. Sie kamen, freuten sich sogar, und es wurde ein wunderschöner Abend. Mit einer dieser Nachbarinnen bin ich noch heute (nach 17 Jahren) befreundet. Ich habe allerdings das Gefühl der Kränkung durch die anderen Gäste nie vergessen.« (Alleinerziehende)
»Als Zwölfjährige hatte ich eine Geburtstagsfête geplant. Eltern und Großeltern waren mit eingespannt; große Freude meinerseits, die Erlaubnis zur

Feier bekommen zu haben ... Am selben Tag haben bis auf zwei Mitschülerinnen alle aus Gruppenzwang-Gründen abgesagt. Das war ein unbeschreibliches Gefühl. Das prägt für alle Zukunft. Lerneffekt: keine großen Fêten mehr, sondern Feiern im kleinen Kreis.« (22jährige Schülerin)

Doch die meisten stören sich daran, daß die Einladung an die Armen wie eine Einladung »zweiter Wahl« erscheint:
»Warum auf einmal dieser soziale Touch?« –
»Warum hat der Gastgeber nicht gleich die Armen eingeladen? Warum denkt man erst an das Elend, wenn man selbst verschmäht wurde? Der Gastgeber tut in dem Sinne nichts Gutes für die Armen, da er nicht aus Herzensgüte oder Mitleid einlädt. Sie sind ein Notstopfen.« –
»Was mich stört: Die Armen werden hier aus Zorn oder Ärger über die anderen eingeladen und nicht aus Nächstenliebe. Denn dann hätten sie von Anfang an eingeladen werden müssen. Diese Art der Einladung widerspricht doch Jesu Tun, der alle ohne Unterschiede zu sich eingeladen hat. Alle – und besonders die Armen und Benachteiligten – sind von Jesus eingeladen.« (3. Weltladen-Mitarbeiterin)

Weitere Gedanken, warum der Gastgeber das Fest trotzdem stattfinden läßt:
»Ich verstehe nicht, weshalb der Gastgeber mit wildfremden Leuten unbedingt feiern will.« – »Warum wird nicht deutlich: es kann eigennützig sein, könnte aber auch Nächstenliebe sein.« – »Damit das Essen nicht verdirbt, für das er sonst keine Verwendung hat.« – »Der Aufwand, den er betrieben hat, muß sich rentieren.« – »Ist es Mitleid oder Trotz?« – »Trotz oder Aufpolieren des eigenen Egos?«
»Als Gegenreaktion lädt er nun alle anderen wahrscheinlich aus Trotz ein – und damit er endlich einmal Menschen kennenlernen kann, denen er mit für ihn selbstverständlichen Dingen eine große Freude machen kann. Nun hat er endgültig mit den Reichen abgeschlossen und erkennt, daß er ihnen sowieso keine Freude machen kann.«

3. Grundsätzliche Überlegungen zu den Zuerst-Geladenen:
»Wer selbst genug hat, legt keinen Wert auf Gastfreundschaft.« –
»Menschen, für die alles vorbereitet wird, wissen oft nicht zu schätzen, was man ihnen bietet.« –
»Diese Begebenheit erinnert mich an die heutige Zeit, in der Freunde und Bekannte oft so beschäftigt sind, daß sie selten oder gar keine Zeit finden, einer Einladung zu folgen. Absagen und Entschuldigungen, die eigentlich gar keine sind, sind allzu oft üblich. Mir kommt das Wort ›Überdruß‹ in den Sinn. Ich denke an Menschen, die das Wesentliche und Wichtige (Geselligkeit, Feiern) in ihrem Alltagsstreß (Arbeit, Aufgaben) vergessen.

Wie ist es, wenn ich eine wohlwollende Einladung ablehne, weil mir die Arbeit wichtiger ist?« (Alleinerziehende) -
»Ich erlebe es heute anders: Wir tanzen gerne gleichzeitig auf zwei Hochzeiten. Aber das geht nicht immer - und es geht nicht immer gut.«

Die Entschuldigungen werden als »billige Ausreden« gewertet:
»Die eingeladenen Gäste suchen eine billige Entschuldigung, um nicht an dem Essen teilnehmen zu müssen. Sie sind zu feige, offen und ehrlich zu sagen, daß sie nicht zum Essen kommen wollen. Wenn sie wirklich kommen wollten, hätten sie es irgendwie ermöglichen können.« (Alleinerziehende) -
»Solche Ausreden kenne ich auch von mir.« - »Seltsame Ausreden ... verstehe ich nicht ... - neues Auto wäre ja noch logisch.« -
Oder konkret zur dritten Entschuldigung: »Die Ausrede mit der Frau verstehe ich nicht. Er hätte sie ja mitbringen können.«
Nur eine Schülerin zeigt Verständnis: »Es gibt oft auch gute Gründe, eine zugesagte Einladung kurzfristig abzusagen (Termindoppelungen etc.).«

4. Zu den neu Eingeladenen machen sich hauptsächlich die alleinerziehenden Mütter Gedanken:
»Die Armen sind froh über jede Nahrung und nehmen dankbar an.« -
»Die ursprünglich Geladenen sind gesättigt und haben keinen Platz in sich, um etwas aufzunehmen. Die anderen, eigentlich nicht Würdigen sind hungrig, haben ein großes Aufnahmevolumen, um annehmen zu können.« -
»Einfache, materiell nicht überschüttete Menschen haben mehr Sinn für Lebensfreude.« - »Personen, die nicht mit dem Glück rechnen, können sich wirklich daran erfreuen. Vielleicht kann man daraus schließen: Nur wer einmal wirklich unglücklich war und ›strampeln‹ mußte, um sich wieder in den Griff zu bekommen, kann auch wirklich intensives Glück empfinden.«

5. Ein besonderer Einfall, dem alle anderen Schülerinnen zustimmen:
»Die Geschichte erinnert mich an eine Episode aus einem Sissi-Film: Sissi ist mit ihrem Mann, Kaiser Franz-Josef, auf einer diplomatisch schwierigen Italienreise. Die Mailänder Adeligen wollen das Kaiserpaar brüskieren und schicken unter ihrem Namen und in ihrer Garderobe ihre Mägde, Knechte, Köchinnen etc. zum Empfang in der Scala. Sissi und ihr Mann lassen sich während der Opernaufführung nichts anmerken und führen den anschließenden Empfang trotzdem protokollgemäß durch: Sie empfangen die Dienstleute mit diplomatischen Ehren unter den Namen ihrer Herrschaften. Ein echter Adliger, der sich zur Beobachtung unter die Gesellschaft gemischt hat, berichtet hinterher den Ferngebliebenen davon. Diese reagieren beschämt und auch etwas in ihrer Ehre gekränkt, daß das Kaiserpaar ihre niederen (häßlicheren) Dienstleute an

ihrer Stelle hofiert haben. - Die ehedem belasteten Beziehungen Mailand - Österreich entspannen sich ...«

6. Irritationen mit der Gattung »Gleichnis«:
»Viele - alle - drei? Es sagen doch nur drei Leute ab!« - »Komisch, daß nur drei absagen, aber so viele andere hinterher eingeladen werden.«

Zum Gottesdienst

Eckhard Herrmann

Exegetisch-homiletische Skizze

Von der Juden- zur Heidenkirche - ein Gleichnis, das die ersten Missionserfahrungen der noch jungen Christengemeinde ins Bild bringt.
Die Szene (nach Lukas 14,1 ff.): ein Essen im Hause eines führenden Pharisäers. Pharisäer und Gesetzeslehrer sind eingeladen. Und Jesus. Ein exklusiver Kreis von Männern mit Rang und Namen, die unter ihresgleichen sein wollen. Schließlich muß alles seine Ordnung haben.
Und die anderen? Die Leute aus dem Volk? Die Armen und die Krüppel, die Lahmen und die Blinden? Die Mühseligen und Beladenen? ›Wenn du die eingeladen hättest‹, hält Jesus dem Gastgeber vor, ›dann hättest du etwas wirklich Großes getan. Dann wärst du selig‹ (Lukas, 14,12-14).
Die vermeintlichen ›Ersatzgäste‹ - die ›Annäherungen an den Bibeltext‹ zeigen deutlich, zu welchen Mitverständnissen das Gleichnis bei den Hörerinnen und Hörern führen kann - sind bei Gott die Hauptpersonen. »Kommt her zu mir, ich will euch erquicken« (Matthäus 11,28 - Wochenspruch).
Gott stellt die Ordnung der Gesetzeslehrer und Pharisäer auf den Kopf. In seinem Reich gelten andere Regeln.
Aber Jesus - und das ist ein weiteres Mißverständnis, das es auszuräumen gilt - geht es nicht (nur) um die materiell Armen und die physisch und psychisch Kranken.
»Dem, der Gott nichts bieten kann, ... bietet Gott die Freundschaft an«, heißt es in einem Kinderlied (siehe Vorschläge zur Liturgie!). Jesus lädt die ein, die überhöhten Glaubensvorstellungen und -forderungen nicht genügen. Glaube bedarf keines Perfektionismus. Nicht derjenige, der sich kritiklos - in den Augen Jesu in vielen Fällen fragwürdigen - Gesetzen und Ordnungen unterstellt, ist Gott recht, sondern der, der Gottes Einladung annimmt; der ist Gott willkommen mit all seinen Fragen und Problemen und Zweifeln. Der muß Gott nichts bieten, weil Gott ihm etwas bietet.

Jesus, stelle ich mir vor, brüskiert seinen Gastgeber und dessen Gäste. Diejenigen, die die Türen hinter sich zu gemacht haben, weil sie sich die »religiösen Habenichtse« (Exegese zum Text von F. G. Lang, in: Gottesdienstpraxis I/4, Gütersloh 1990, Seite 109) vom Leib halten wollten, stehen plötzlich selbst vor verschlossenen Türen. »Selig, wer im Reich Gottes am Mahl teilnehmen darf« (V. 15, Einheitsübersetzung) - sie dürfen es nicht!
Im Zentrum des Textes stehen nicht die, die draußen bleiben, sondern die, die kommen. Der Schwerpunkt liegt auf der Einladung Jesu. Frohbotschaft statt Drohbotschaft.
Ich möchte positiv predigen. Ich möchte die Einladung Jesu in der Predigt weitergeben. Eine Einladung, die heute an die Zweifler gerichtet ist; an alle, die sich ihres Glaubens noch nicht oder nicht mehr sicher sind; an die, denen es manchmal die Sprache verschlägt, wenn sie glauben wollen und doch nicht glauben können, weil sie das, was sie tagein tagaus sehen, erleben und womöglich sogar erleiden müssen, nicht mit dem ›lieben Gott‹, von dem ihnen in ihrer Kindheit erzählt wurde, zusammenbringen können. Jesus will ihnen Mut machen: ›Die Tür zwischen Gott und euch steht offen, und ihr könnt euch darauf verlassen: sie bleibt offen, weil Gott auf euch wartet.‹
Eine Predigt mit narrativen Passagen, in deren Verlauf der Text vorgelesen oder nacherzählt wird, könnte die Brücke von der textlichen Basis zu den Predigthörerinnen und -hörern heute schlagen.
»Kommt, denn es ist alles bereit« (V. 17) - zeichenhaft kann die Einladung (und natürlich auch das Fest) schließlich Gestalt gewinnen in der Feier des Abendmahls.

Vorschläge zur Liturgie

Confiteor
im Anschluß an das Lied: »All eure Sorgen« (EG 631, Regionalteil Bayern/Thüringen)

(Liturg/Liturgin) Unsere Hilfe steht im Namen des Herrn,
(Gemeinde) der Himmel und Erde gemacht hat.

(L)
Wir haben Sorgen,
wir leiden unter Zwängen,
wir stellen Fragen.
Wir wissen, daß vieles in unserem Leben nicht so ist, wie es sein sollte.

Deswegen treten wir vor das Angesicht Gottes -
so, wie wir sind.

Gott vertrauen wir an, was uns belastet.
Ihm sagen wir, was wir falsch gemacht haben.

Ihm gestehen wir, daß wir Fehler gemacht haben und immer wieder machen.

Deswegen beten wir zu ihm und sprechen:
Gott, sei mir Sünder gnädig.

(G)
Der allmächtige Gott erbarme sich unser,
er vergebe uns unsere Sünde
und führe uns zum ewigen Leben. Amen.

(L)
Gott erbarmt sich unser.
Wer zu ihm betet, der bleibt nicht ohne Antwort.
Darum dürfen wir immer wieder seiner Einladung folgen:
Bittet, so wird euch gegeben;
suchet, so werdet ihr finden;
klopft an, so wird euch aufgetan.
Amen.

(Als *Zuspruch* eignet sich auch der Wochenspruch: Matthäus 11,28).

Kollektengebet
Herr,
du hast uns eingeladen und wir sind gekommen.
Hinter uns liegt eine Woche, die angefüllt war
mit Freuden und Sorgen,
mit Hoffnungen und Enttäuschungen,
mit schönen und auch traurigen Erlebnissen.
Heute können wir uns ausruhen von unserer Arbeit
und Kraft tanken für die Aufgaben, die auf uns warten.
Wir dürfen dir bringen, was uns sonst keiner abnimmt,
und du schenkst uns, was es sonst nirgends gibt.
Wir bitten dich:
Befreie uns von all den Lasten, die sich in den letzten Tagen auf unseren Schultern angesammelt haben und gib uns neue Kräfte
durch die Liebe deines Sohnes Jesus Christus, der mit dir und dem Heiligen Geist auf unserer Seite steht.
Amen.

Liedvorschläge
Zu Beginn: »All eure Sorgen ...« (siehe Confiteor!).
Vor der Predigt: »Kommt her zu mir ...« (EG 363 – Wochenlied).
Nach der Predigt: »Hört, wen Jesus glücklich preist ...« (zweite Strophe: »Dem der Gott nichts bieten kann, ...« – siehe Exegetisch-homiletische Skizze und Predigtschluß!), u.a. in: Liederheft für die Gemeinde (LHG),

herausgegeben im Auftrag des Landeskirchenrats der Evang.-Luth. Kirche in Bayern, München 1982 (Nr. 677).
Zum Abendmahl: »Komm, sag es allen weiter« (EG 225).

Vorschlag zur Predigt

Möglicher Predigtanfang
›Dabeisein ist alles‹, liebe Mitchristen. – Wie gern wären sie dabei, wie gern würden sie dazugehören: die Frauen und die Männer, die sich keine vornehmen Kleider leisten können, die in einfachen Hütten wohnen, die manchmal am Abend noch nicht wissen, was sie ihren Kindern am nächsten Tag zu essen geben sollen. Die Kranken und Behinderten; die, für die die Ansprüche einer Gesellschaft, die nur nach Leistung und Erfolg fragt, zu hoch sind; die das, was man normalerweise von einem erwartet, nicht mehr bringen können. Die Fremden, die eine andere Sprache sprechen und sich nicht auskennen. Die Mühseligen und Beladenen. Wie gern wären sie alle dabei! Aber es fragt keiner nach ihnen. Es sucht sie keiner. Es braucht sie keiner. Sie müssen draußen bleiben, wenn die Wohlhabenden, die Angesehenen und die Einflußreichen zusammenkommen und feiern.

Zum weiteren Verlauf
Eine Einführung in die Szenerie des Textes

Jesus, erzählt der Evangelist Lukas, ist bei einem führenden Pharisäer zu Gast, … sitzt an einem Tisch mit Pharisäern und Gesetzeslehrern, mit frommen und gescheiten Männern. Männer, die sich auskennen in Glaubens- und in Lebensdingen. Und die deshalb – weil sie sich auskennen – dafür verantwortlich sind, daß die Regeln eingehalten werden. Die Glaubens- und die Lebensregeln. ›Gott erwartet das‹, sagen sie. ›Gott will das so. Alles muß seine Ordnung haben.‹ An diese Ordnung halten sie sich; an die Gebote, die sicherstellen sollen, daß Gott zufrieden ist.
Ein exklusiver Kreis. Exklusiv – ausschließend. Andere haben in diesem Kreis nichts zu suchen. Andere. Leute, die die Gebote nicht erfüllen. Nicht erfüllen wollen … oder nicht erfüllen können.
An dieser Stelle können fiktive biblische Beispiele eingeführt werden: Menschen, die den gängigen Glaubensvorstellungen und -forderungen nicht genügen: Kurze, frei erfundene ›Spotlights‹; einfache Leute aus dem Volk: (biblischer) Name, Alter, Beruf, Lebensumstände, Art und Grund ihrer vermeintlichen Glaubensdefizite.

Die Reaktion Jesu – das Gleichnis

›Wo sind diese Menschen?‹, fragt Jesus seine Tischgenossen. (Personen aus den Schilderungen aufzählen; z. B.:) ›Josua und Rebekka und Jonathan –

warum habt ihr sie nicht eingeladen? Glaubt ihr denn allen Ernstes, daß sie Gott nichts zu bieten haben, ... und daß Gott von ihnen nichts wissen will? Wenn Gott ein Fest feiert, wird er sie als erste einladen. Ja, mehr noch: sie werden seine Ehrengäste sein. Und ihr, die ihr euch eures Gottes so sicher seid? Vielleicht geht es euch einmal so wie den Leuten, die ein Mann zu einem Festmahl eingeladen hatte ...‹
Jetzt wird der Predigttext ab V. 17 vorgelesen oder nacherzählt.

Die Armen und die Krüppel, die Blinden und die Lahmen - heute

Was erwartet Gott von uns? Was müssen wir ihm bieten? - Nichts. Wir müssen nur ›Ja‹ sagen, wenn er uns ruft, nur kommen, wenn er uns einlädt. Jesus vergleicht Menschen, die sich ihres Glaubens nicht sicher sind, Menschen, die nicht, nicht mehr oder noch nicht glauben können, mit Armen und Kranken. Und er meint das nicht abwertend. Im Gegenteil. Die Tür zu Gottes Haus steht für jede und jeden offen. An seinem Tisch haben alle Platz.
Analog zu (1) können jetzt wieder - gegebenenfalls frei erfundene - Alltagsbeispiele von Menschen - typisierten Figuren - gebracht werden, die in Glaubensdingen unsicher (geworden) sind, die Gott irgendwann in ihrem Leben ›aus den Augen verloren‹ haben, die unter einer Schuld leiden, die zweifeln. Fiktive Namen machen die Kurzberichte lebendig. - Menschen wie sie sollen ermutigt werden, Gott zu vertrauen. Ihnen gilt es, die Einladung Gottes zu überbringen.

Möglicher Predigtschluß
»Selig, wer im Reich Gottes am Mahl teilnehmen darf«, sagt einer der Gäste im Hause des Pharisäers zu Jesus (Lukas 14,15). Der kann sich freuen. Der kann sich glücklich preisen. Der kann singen: ›Halleluja‹. Amen.
Im Anschluß an die Predigt (siehe Liedvorschläge): »Hört, wen Jesus glücklich preist, halleluja, wem er Gottes Reich verheißt, halleluja ...«

Alternativvorschlag
Eine - zur Gänze - narrative Predigt: Ein junger Mann aus dem Dorf - nennen wir ihn einfach Benjamin - (oder: warum nicht auch eine Frau?) hat beobachtet, mit welchem Aufwand und mit welcher Liebe der Gastgeber das große Fest vorbereitet hat. Jetzt ist es soweit. Neugierig und erwartungsvoll versteckt sich Benjamin in der Nähe des Hauses, ... möchte sehen, wer alles kommt und was geschieht. Er hört, wie die Knechte ihrem Herrn von den Absagen der Gäste berichten, ... erlebt, wie ärgerlich der Herr ist, ... bekommt mit, daß jetzt das ›einfache Volk‹ eingeladen werden soll. Schnell läuft er nach Hause. Wenig später steht einer der Knechte vor seiner Tür und fordert ihn auf, mitzukommen. Er soll dabei sein, ... mitfeiern. Ausgerechnet er ...

Der Prediger/die Predigerin nimmt die Predigthörerinnen und -hörer in das Geschehen mit hinein. Er/sie versetzt sich in die Rolle des Mannes/der Frau und erzählt die Geschichte - in Ich-Form - aus dessen/deren Sicht. Wie erlebt einer/eine, der/die ›von draußen‹ geholt wurde, das Leben und die Menschen im Dorf, das Fest ... und vor allem den Gastgeber? Was geht in ihm/ihr vor? Und mit welchen Gefühlen geht er/sie am Ende wieder nach Hause?

Kontexte

So ging es Jesus oft mit den frommen Leute. Sie ließen sich wohl auf die Diskussion theologischer Probleme ein, aber sobald er aufhörte, darüber zu reden und anfing, Gottes Gedanken einfach zu tun, zogen sie sich auf ihre Theologie zurück und wollten es ihm nicht erlauben. (...) Solche Auseinandersetzungen trafen Jesus jedesmal hart. (...) »Wie oft soll ich es noch versuchen mit ihnen!«, rief er, und seine Augen wurden naß. »Ich komme mir vor wie ein Huhn, das seine Küken unter die Flügel lockt, aber sie wollen nicht! Wie ein Kind komme ich mir vor, das bei seinen Kameraden abblitzt, gleich welches Spiel es auch vorschlägt. (...) Warum machen gerade sie nicht mit? Sie haben doch Gottes Willen studiert. Sie müßten doch die ersten sein, die ihres Gottes Fest mitfeiern! Die Tische sind gedeckt, Gott freut sich auf seine Gäste - und alle sagen ab. Aber er wird sich nicht damit abfinden. Aus allen Himmelsrichtungen wird er sich Gäste besorgen, die an seinem Tisch sitzen! Er wird keine Ruhe geben, bis sein Haus voll ist.«
(Hans Frör, Ich will von Gott erzählen wie von einem Menschen, den ich liebe, Kaiser-Traktate 9, Chr. Kaiser/Gütersloher Verlagshaus, Gütersloh)

Die Einladung
Eines schönen Tages - der Geist weht nicht nur wo, sondern auch wann er will - beschloß der Pfarrer, seiner Gemeinde den Tisch des Wortes, wie man so sagt, reichlicher zu decken. Mit anderen Worten: es einmal mit einer Reihe von Bibelabenden zu versuchen. Dazu war es, wenn schon nicht höchste, so doch hoch an der Zeit, fand er. Im Gemeindeblatt, durch Handzettel und einen herzlichen Hinweis am Schluß aller Sonntagsgottesdienste lud er die ganze Gemeinde dazu ein.
Als nun der Tag näherrückte, an dem der erste Abend angesetzt war, sprach er nochmals alle, die er traf, daraufhin an: »Kommt«, sagte er, »Kommen Sie, es ist soweit!« -
Doch da fingen alle an, sich zu entschuldigen. Fast wie beim biblischen Gastmahl, doch auch wieder anders. Denn jeder führte achtbare Gründe dafür an, daß er zwar sonst immer, aber gerade diesmal - leider, er bedaure es ja am meisten - nicht kommen könne:
»Ich bin schon im Pfarrgemeinderat und im Ausschuß für Bildungsveranstaltungen tätig«, erinnerte Herr F., »ich sammle außerdem für die Caritas und trage Missionshefte aus ...« - Und das entsprach durchaus der Wahrheit, der Pfarrer wußte es ja selber. -
Aber Frau B. vielleicht? - »Unmöglich«, meinte diese, »ich helfe schon in der Bücherei, ich leite den Gymnastikkurs und den Kreis junger Frauen, das dürfte Ihnen ja bekannt sein!« - Natürlich war es dem Pfarrer bekannt.

Den Herrn W. traf er auf der Straße: »Gut, daß ich Sie treffe, Herr Pfarrer«, grüßte er freundlich, »ich wollte Ihnen nur sagen, daß ich ja wirklich schrecklich gerne zu diesem Bibelkreis kommen würde, aber ich habe im Festausschuß ja so viel zu tun, dann kommt noch der Tanzzirkel, außerdem haben sie mich in den Kindergartenbeirat gewählt. Ich bin keinen Abend mehr zu Hause. Da werden Sie verstehen, daß ich leider ...« Der Pfarrer hatte Verständnis, er war ja kein Unmensch.
»Ich muß mich leider entschuldigen«, wehrte der junge K. ab. Aber ich habe gerade eine Jugendgruppe übernommen und bin im Jugendclub-Team ... Ob ich mit der ganzen Jugendgruppe? Kaum, ich vermute, die haben andere Interessen ...« Bedauerlich, aber was sollte man machen.
Dem Pfarrer fiel der Dr. A. ein, der schon einmal angeregt hatte, öfter Vorträge in der Pfarrei zu veranstalten. Ja, den könnte er anrufen. - »Ich habe es mir lange hin und her überlegt, Herr Pfarrer«, ließ der sich hören, aber es ist mir leider völlig unmöglich. Sie wissen ja, meine Verpflichtungen, heute hier, morgen da. Ich bin gerne im Verwaltungsrat, aber es wird mir doch zuviel ...«
Auch die gute Frau M. rief er an: »Also, ich bin total ausgebucht«, stöhnte diese, »Altenclub, Altenausflüge, Bastelkreis für den Basar, ich weiß selbst, wie wichtig es ist, aber es geht nicht, schließlich hat man ja auch noch Familie.«
Auch Frau R. bedauerte: »Ach wissen Sie, nachdem ich doch schon im Mütterkreis bin und im Kirchenchor - mein Mann beschwert sich, daß ich so selten zu Hause bin. Sind Sie mir bitte nicht böse ...« - Nein, wie könnte er auch ...
Und so fragte er und fragte und lächelte immer noch dazu. Und nachdem er an die dreißig seiner Getreuen gefragt hatte, sah er ein: Noch mehr konnte man den guten Leuten, die schon so vielfältig aktiv waren, wirklich nicht zumuten. Die meisten standen ohnehin tagsüber im Beruf und hatten eine Familie. Vom Privatleben redete ohnehin kaum einer, es gab ja manche, die so etwas nicht gelten ließen und wohl schon empört taten, wenn man ihnen neben aller apostolischen Tätigkeit überhaupt noch private Interessen zutraute.
So ging der gute Pfarrer denn, wie es im Evangelium heißt, in die Randbezirke seiner Gemeinde und versuchte sein Glück bei denen an den Hecken und Zäunen und nötigte alle, zu kommen. Aber wen er auch ansprach, alle waren sie bereits schrecklich überlastet und konnten es einfach nicht einrichten. Gern hätte der Pfarrer wie Jesus gesagt: So kommt doch diesmal her, all ihr Mühseligen und Belasteten und Beanspruchten und mit Pflichten und Terminen Überhäuften, ausruhen sollt ihr von euren Mühen und Verpflichtungen. Aber ihm fiel ein, glücklicherweise, einer könne das womöglich allzu wörtlich und zum Anlaß nehmen, seine sonstige Mitarbeit im Bildungsausschuß, Mütterkreis oder Kirchenchor vorübergehend einzuschränken. Eben einmal auszuruhen. Und das schien ihm - man möge verzeihen - als ein größerer Verlust als das, was mit ein paar Bibelabenden zu erreichen war.
Als er am ersten Abend vier Besucher begrüßen konnte, blieb er freundlich. Was zeigt, daß er nicht nur ein aktiver, sondern auch ein guter Pfarrer war. Bei dem Gedanken, daß Jesus schon zwei oder drei Versammelten seine Gegenwart verheißen hatte, wurde ihm sogar froh ums Herz. Wenn auch nur einen Augenblick lang.
(Lothar Zenetti, Die wunderbare Zeitvermehrung, J. Pfeiffer Verlag, München [4]1994)

Ein Fest vor Gott
Ein Fest vor Gott hat praktische Folgen. Im biblischen Gebot steht: »Du sollst keine Arbeit tun, auch nicht dein Sohn, deine Töchter, dein Knecht, deine Magd, dein Vieh, der Fremdling, der in deiner Stadt lebt.«

Es ist also nicht gleichgültig, was die Knechte, die Kinder, die Fremden tun, ob sie feiern, lachen, ruhen können. Unsere Feste sind oft asozial: Man muß die Augen zumachen und gut vergessen können, um zu feiern. Unsere Feste sind oft exklusiv. Manche sind sehr stolz darauf, daß man nicht mit jedermann, sondern nur mit Auserwählten zusammen ist.
Aber Gottes Feiertag kennt keine Klassen, auch keine Privilegien. Nicht die der Lebenserfahrung - die Kinder gehören dazu. Nicht die des Standes - Arbeitnehmer, Abhängige gehören dazu. Nicht die des Volkstums - die Fremden, die Gastarbeiter sind auch gemeint. Jesus, der das Reich Gottes mit einem Fest vergleicht, macht mit Nachdruck deutlich, daß die von den Hecken und Zäunen mit eingeladen sind.
(Friedrich Walz, Das Leben ist der Weg, hrsg. von H. Winter, Claudius Verlag, München 1985, Seite 81)

Teile und herrsche nicht
Daß einige vieles und die meisten weniger oder
Wenig haben
Kann man damit erklären
Daß einige bedeutend und die meisten
Unbedeutend sind

Daß einige fast alles und die restlichen fast
Gar nichts haben
Kann man damit erklären
Daß einige klug und die restlichen dumm sind

Daß einige mächtig und die anderen ohnmächtig sind
Kann man damit erklären
Daß einige verschlagen und die anderen die
Geschlagenen sind

Daß einige immer mehr haben wollen und viele immer
Weniger haben
Kann man damit erklären
Daß einige über Leichen gehn und viele unter den
Leichen sind

Daß einige über alles regieren und diktieren
Kann man damit erklären
Daß einige Geschichte machen wollen und mit
Allen anderen
Geschichte gemacht wird

Zwar heißt es
Vor Gott sind alle Menschen gleich
Und human das möchte jeder gerne sein -
Aber welcher Bedeutende will sich schon mit einem
Unbedeutenden
Welcher Kluge will sich schon mit einem Dummen
Welcher Verschlagene will sich schon mit einem
Geschlagenen
Auf eine Stufe stellen
Wer will das schon?

Die Erde gehört uns allen
So wie der Sand den man am Grabe
freundlich uns nachwirft
Allen gehört
Aber im Leben gehören
Die Armen den Reichen
Die Dummen den Klugen
Die Geschlagenen den Verschlagenen
Die Gläubigen der Kirche
Die Schwarzen den Weißen
Die Naiven den Raffinierten
Die Schweigenden den Schwätzern
Die Friedfertigen den Streitsüchtigen

Die Erde aber könnte uns allen gehören
Wenn dein Haus auch mein Haus
Mein Geld auch dein Geld
Dein Recht auch mein Recht
Mein Los auch dein Los
Dein Kleid auch mein Kleid
Mein Glück auch dein Glück
Dein Leid auch mein Leid
Wäre.
Teile und herrsche nicht!
Aber wer kann das schon?
(Hanns-Dieter Hüsch, Das Schwere leicht gesagt, © tvd-Verlag, Düsseldorf 1991, Seite 49 f.)

3. Sonntag nach Trinitatis

Annäherungen an den Predigttext Lukas 15,1-7 (8-10)

Sigrid Lunde

Äußerungen von Schüler/-innen eines Oberkurses der Diakonenschule Bad Kreuznach

Dem Murren der Pharisäer haben wir die Gleichnisse zu verdanken! Es gibt von Bert Brecht ein Gedicht über die Entstehung des Buches Taoteking, da heißt es: »Man muß dem Weisen seine Weisheit erst entreißen. Darum sei der Zöllner auch bedankt.« Von mir seien die Pharisäer auch bedankt ...
»Die Gesunden brauchen den Arzt nicht, wohl aber die Kranken«, sagt Jesus einmal zu den Pharisäern - hier sagt er etwas Ähnliches. Aber ist der Pharisäer dort, wo der Kranke bzw. der Sünder, der Buße tut, hin soll?
Das Zahlenverhältnis will mir nicht in den Kopf! 99 Sünder und 1 Gerechter würden mir eher einleuchten. Das war doch auch immer so: Es wimmelt nur so von Politik-, Wirtschafts-, Umwelt-, Familiensündern. Und wie viele sind heute verloren in Problemen, im eigenen Problembewußtsein, in Allergien, in Angst vor dem, was kommt. Ich glaube, es kann niemand sich so verhalten, daß er allen Anforderungen gerecht wird. Wann ist einer im Sinne des Bibeltextes »Gerechter« - wann »Sünder«?
Angesichts der mich immer mehr deprimierenden Nachrichten und Gesprächsthemen gefällt mir die Stimmung der Gleichnisse. Da wird nicht nur vom Verlieren geredet, sondern vom Finden! Und da können sich Menschen so richtig freuen, Feste improvisieren. Und Freundinnen und Nachbarn freuen sich mit, feiern mit. Sagt man nicht unter Juden, daß Gott uns einmal weniger für unsere Sünden bestrafen wird als dafür, daß wir unterlassen haben, uns zu freuen, wo wir Grund zur Freude hatten?
Auch das Schaf wird auf die Schulter gelegt »mit Freude«. Ich muß bei dem Schaf an unsere kleine Tochter denken, der ich z. Zt. auch ständig nachgucken und hinterherlaufen muß. Vor zwei Wochen war sie mir durch das Gartentor auf die Straße entwischt ...
Hier sehe ich einen Unterschied zwischen den beiden Gleichnissen: das Schaf läuft selber fort, der Groschen kann sich selbst nicht von der Stelle bewegen - und er kann nicht »umkehren«!

Eine - wie ich denke - gute Spannung ergibt sich auch durch beide Gleichnisse für das Gottesbild. Wir haben zwei Bilder für den uns suchenden Gott: Wir haben hier den Mann und die Frau!
Auch mir gefällt, daß beide Gleichnisse hintereinander erzählt werden. Sie ergänzen sich, und ich konnte mich beim Hören richtig einleben in das Suchen und Finden. Merkwürdig aber ist, daß der Hirte und die Frau in den Gleichnissen die Aktiven sind und im Schlußvers dann der Sünder, der umkehrt, als der Aktive angesprochen wird.
In den Gleichnissen wird, denke ich, vor allem der Einsatz herausgestellt: Ein einziges Schaf ist das ganze mühselige Suchen wert, obwohl 99 Schafe noch in der Herde sind. Und was für einen Suchaufwand treibt die Frau für den einen Groschen!
Ich finde den Gedanken schön, daß auffällt, wenn etwas fehlt - und daß ich gesucht werde. Denn ich finde es normal, daß ich mich öfter verlaufe. Das gehört zum Leben dazu. Das Schaf ist mir sympathisch, weil es neugierig ist. Was kann man schon in der »Masse« entdecken! Allerdings nicht allein - mit Vieren oder Fünfen würde ich gerne die Welt erkunden. »Allein ist man immer in schlechter Gesellschaft«, das habe ich mir gemerkt!
Ich will noch einmal auf die Freude zurückkommen. Eine dreifache Freude wird in den Gleichnissen erwähnt: die Freude des Hirten, die Freude der Frau und die Freude »vor den Engeln im Himmel«. Ich habe irgendwo gehört, daß Menschen, die sich freuen können, Kraft schöpfen. »Lachen ist gesund« - das soll auch medizinisch stimmen.
Mir fällt dazu der Text ein, den wir in der letzten Woche in der Andacht gehört haben. Zwei Arten von Freude gibt es, wurde da gesagt: die Freude, wenn ich etwas geschaffen habe, wenn ich Sieger bin, auf einem Treppchen stehe, als etwas Besonderes dastehe. Und dann gibt es die andere Art von Freude, die aus dem entgegengesetzten Gefühl kommt: zu vielen, zu allen dazuzugehören ... Bei Demonstrationen für den Frieden, bei den Lichterketten, in Kirchentagshallen, hier bei unseren Festen habe ich das manchmal erlebt.
Auch im Stadion, wenn die »Wellen« durchlaufen, da läuft es auch mir über den Rücken. »Der Himmel geht über allen auf« oder »We shall overcome« sind dann genau die richtigen Lieder. Ein »Wir« zu erleben, das ist starke Freude.
Von welcher Art der Freude erzählen die Gleichnisse? Von beiden!
Mitgeschrieben und geordnet von Sigrid Lunde.

Zum Gottesdienst

Barbara Heller, Karl-Heinz Risto

Theologisch-homiletische Skizze

»Das Gleichnis von der verlorenen Drachme ist im Lukasevangelium als Frauengleichnis mit dem Männergleichnis vom verlorenen Schaf zu einem Gleichnispaar verbunden. Ein Vergleich beider Gleichnisse zeigt, daß sie inhaltlich durchaus eigene Akzente setzen. ... Beide – die Frau und der Hirt – handeln unter Druck. Der Hirt kann es sich nicht erlauben, dem Herdenbesitzer den Verlust eines Schafes zu melden. Die Frau braucht das Geld dringend zum Leben. Beidemal sind es Alltagserfahrungen armer Leute, eines Hirten in abhängiger Stellung und einer Frau, für die eine Drachme von zehn ein wesentlicher Teil des Lebensunterhaltes bedeutet.« (Luise Schottroff, Lydias ungeduldige Schwestern, Seite 138).
Das dürfte ein erstes Ziel der Predigt sein, deutlich zu machen, daß es um Alltagserfahrungen geht. Alltagserfahrungen, die auch heute noch so oder anders gemacht werden.
Durch die reiche und damit auch belastende Auslegungsgeschichte des Gleichnisses vom verlorenen Sohn, in das das fünfzehnte Kapitel des Lukasevangeliums mündet, sind die Gleichnisse »vom Verlorenen« in ganz spezifischer Weise geprägt. Anstelle der Alltagserfahrung ist die »religiöse Grunderfahrung« getreten. Vergleichspunkt, bzw. Identifikationsfigur für Hörerinnen und Hörer ist primär der oder das Verlorene. Sie sind nicht mögliche Subjekte des Verlierens, Suchens und Findens, sondern Objekte. Nicht die Freude über das Gefundenhaben, auf die die Gleichniserzählungen hinauslaufen, steht im Vordergrund, sondern eher die Mahnung zur Umkehr oder die Dankbarkeit über das »Gefundenwordensein«. Der Wochenspruch (Lk 19,10) und das zur Auswahl stehende Wochenlied »Jesus nimmt die Sünder an« (EG 353, siehe besonders die Strophen 3 und 4) verstärken diese Tendenz.
Für das Verständnis der beiden Gleichnisse vom verlorenen Schaf und dem verlorenen Groschen in der Predigt wäre diese einseitige Deutung schade und u. E. verfehlt. Letzteres müßte dabei auch weitgehend in den Hintergrund treten, wie in der Auslegungsgeschichte meist geschehen, da sich der verlorene Groschen zur Identifikation schlecht eignet.
Der Hirte und die Frau, als Protagonisten der beiden Gleichnisse, laden dagegen ein, sich mit ihnen und ihrem Tun zu vergleichen oder zu identifizieren. Nachzudenken wäre also über die Erfahrungen von Verlust, von angestrengter Suche und Freude über Wiedergefundenes.
Es erscheint uns ratsam, im Verlauf der Predigt diesem Duktus der Gleichnisse zu folgen: vom Verlieren oder Verlorenhaben über das Suchen zum Wiederfinden und der damit verbundenen Freude.

Alle genannten Phasen sind von so existentieller Bedeutung, daß ein Nachdenken oder Predigen, das die eine von den anderen isoliert, droht abzugleiten.
Verlieren wird hier thematisiert, aber nicht im Sinne eines endgültigen Verlusts, - ein Thema, das zur Auseinandersetzung mit Verlusterfahrungen und Trauerarbeit einladen würde.
Angestrengtes Suchen wird anschaulich beschrieben, sehr zielgerichtet und praktisch und gerade nicht als grundsätzliche »Sinnsuche«, die möglicherweise auf das Finden verzichtet im Sinn des modisch gewordenen »Der Weg ist das Ziel«.
Die Freude über das Wiederfinden verdient schließlich besondere Aufmerksamkeit. Jenseits dogmatischer Auseinandersetzungen über die Synergismusfrage mischen sich Zufriedenheit über die erfolgreiche Suche; Erleichterung und Dankbarkeit und gipfeln, wie in dem Gleichnis von dem verlorenen Groschen besonders anschaulich beschrieben, in einer Freude, die überströmt und mit anderen geteilt wird. Diese Freude soll auf Erden wie im Himmel sein, den Menschen und Gott gemeinsam.

Vorschläge zur Liturgie

Eingangspsalm
Psalm 103,13; 1-4.10-12

Aufforderung zum Bittruf
Wir wollen das Leben
und tragen viel Ungelebtes in uns.
Wir lieben das Leben
und sind manchmal wie leblos.
Wir suchen bei dir Leben
und haben doch nicht genug.
Wir bitten dich Gott und rufen:
Agende I: Die Gottesdienste an Sonn- und Feiertagen. Hg. v. Landeskirchenamt der Evangelischen Kirche von Kurhessen-Waldeck, Kassel (Verlag Evangelischer Medienverband) 1996 (Kurztitel: EKKW AI, Nr. 325 - Friedrich Seitz)

Aufforderung zum Lobpreis
Gott hat es gesagt, und es gilt:
wir sollen Anteil haben an seinem Leben.
Darum laßt uns Gott loben und singen:

Eingangsgebet
Gott. Du bist uns nahe, noch bevor wir zu dir kommen.
Du bist bei uns, noch bevor wir uns aufmachen zu dir.
Sieh deine Gemeinde, die auf dich schaut.

Sieh unsere Sehnsucht nach Glück,
unseren Willen zum Guten und unser Versagen.
Erbarme dich unserer Armut und Leere.
Fülle sie mit deinem Leben, mit deinem Glück, mit deiner Liebe.
Darum bitten wir durch Jesus Christus.

(Die ständige Kommission für die Herausgabe der gemeinsamen liturgischen Bücher im deutschen Sprachgebiet erteilte für die aus diesen Büchern entnommenen Texte die Abdruckerlaubnis.)

Fürbitten

Öffne uns die Augen, Gott,
daß wir sehen können, worauf es ankommt.
Unser Alltag erscheint oft grau und reizlos.
In der Schule oder im Beruf:
Wir sind unter Druck, ohne große Aussichten.
Für die Schönheiten des Augenblicks,
für die farbigen Seiten, die das Leben uns zeigt,
sind wir blind.
(Gemeinde:)
Öffne uns die Augen, Gott,
daß wir sehen können, worauf es ankommt.

Manchmal sind wir niedergeschlagen und ratlos,
sehen keinen Sinn, der das Leben lohnend macht.
Wir haben kein Ziel vor Augen,
und für das, was kommt, sehen wir schwarz.
Die Chancen, die andere uns geben,
das Vertrauen, das uns geschenkt wird,
erkennen wir nicht.
(Gemeinde:)
Öffne uns die Augen, Gott,
daß wir sehen können, worauf es ankommt.

Für den anderen Menschen, ob bekannt oder fremd,
haben wir selten den richtigen Blick.
Wir sehen ihn nicht wirklich an,
denn wir glauben schon vorher zu wissen,
wie er wirklich ist.
Unsere Voreingenommenheit macht uns blind
für seine Ängste und Freuden;
was er braucht, bleibt uns verborgen.
(Gemeinde:)
Öffne uns die Augen, Gott,
daß wir sehen können, worauf es ankommt.

(EKKW AI, Nr. 1209 – Bernhard Scholz)

Lieder
Allein zu dir, Herr Jesu Christ, EG 232
Such, wer da will, EG 346
Weißt du, wieviel Sternlein stehn, EG 511

Vorschlag zur Predigt

Möglicher Anfang
Suchen, Verlieren, Finden; Gesuchtwerden, Verlorensein, Gefundenwerden - das sind Erfahrungen, die jeder in seinem Leben macht. Nicht nur einmal, sondern oftmals und immer wieder. Die Gleichnisse vom verlorenen Schaf und vom verlorenen Groschen knüpfen daran an.
Nicht weil es besonders interessante oder besonders tiefgründige Erfahrungen sind. Ein davongelaufenes Schaf ist eine recht banale Sache. Es blökt! - vermutlich etwas öfter als sonst. Und der Besitzer flucht! - vermutlich auch etwas öfter als sonst. Und macht sich auf die Suche nach seinem verlorenen Schaf. Das ist alles.
Dennoch knüpfen die Gleichnisse an derart schlichte, ja banale Erfahrungen an, damit wir mit ihnen eine neue Erfahrung machen, eine Erfahrung mit Gott. Mit Gott! Denn wenn Jesus ein Gleichnis erzählt, dann will er uns etwas von Gott erzählen. Mehr noch: dann will er uns eine Erfahrung mit Gott zuspielen. Und das tut er, indem er uns an unsere alltäglichen Erfahrungen erinnert und zurückverweist. Gerade an ihnen, gerade an dem, was uns längst vertraut ist, kann plötzlich aufblitzen, was es mit unserem Leben und was es mit Gott auf sich hat.

Zum weiteren Verlauf
Im Grunde ist es eine einzige Frage, eine allerdings unwiderstehliche Frage, mit der sich Jesus an seine Zuhörer wendet: »Nicht wahr, wenn einer von euch hundert Schafe hat und eines davon verliert, dann läßt er doch die neunundneunzig in der Steppe zurück und geht dem verlorenen nach, bis er es findet; und wenn er es gefunden hat, dann nimnmt er es doch voll Freude auf seine Schultern; und wenn er nach Hause kommt, dann ruft er doch seine Freunde und Nachbarn zusammen und sagt ihnen: Freut euch mit mir; denn ich habe mein Schaf, das verloren war, wiedergefunden - nicht wahr?«
Wer so fragt, sucht Zustimmung, sucht Einverständnis. Jesus sucht die Zustimmung seiner Hörer, er sucht unser Einverständnis: Nicht wahr, so ist es doch, wenn etwas verloren geht?
Von Gott ist in dieser Frage mit keinem Wort die Rede. Was uns das Gleichnis erzählt, ist eine ganz und gar weltliche Begebenheit. Von Gott handelt sie, indem sie von ihm schweigt und statt dessen von uns erzählt.

Doch auch von uns redet das Gleichnis nicht unmittelbar, nicht in aufdringlicher Direktheit. Jesus war, wenn überhaupt, ein sehr unaufdringlicher Missionar. Wahrscheinlich hat er deshalb so stark gewirkt. Auch von uns redet er so, daß wir uns selbst erst noch finden, daß wir unsere wahre Persönlichkeit erst noch entdecken müssen. Die Gleichnisse vom verlorenen Schaf und vom verlorenen Groschen bieten in mehrfacher Hinsicht Gelegenheit dazu. Da können wir uns als Suchende entdecken, als Verlorene und vor allem als Finder und Gefundene. Achten wir zunächst auf die Erfahrung des Suchens. Der Hirte und die Frau in unseren Gleichnissen sind beunruhigt. Es fehlt ihnen etwas. Und was das ist, wissen sie genau. Deshalb machen sie sich auf die Suche.

Das kennen wir vielleicht. Ungeduldig oder sogar verzweifelt kann eine solche Suche sein, nach einem verlorenen Schlüssel z. B., ohne den wir nicht mehr ins Haus kommen. Mächtige Angst kann man im Verlauf einer Suche bekommen, richtige Katastrophenphantasien entwickeln. An einem Schlüssel hängt eine ganze Menge. Ohne ihn, ohne den Zugang zu meinem Zuhause, fühle ich mich plötzlich selbst ganz verloren. Jedenfalls einen Moment lang, bevor mir der Schlüsseldienst einfällt oder der Schlosser, oder bevor ich ihn finde, Gott sei Dank.

Wie ein Grundthema des menschlichen Lebens kommt mir das Suchen vor. Das sichere Wissen, daß da etwas fehlt, verloren gegangen ist oder auch ganz neu gefunden werden muß, damit das Leben gut ist. Ob das Pippi Langstrumpf im Kinderbuch ist, die beschließt, ein Sachensucher zu werden, weil die ganze Welt voll von Sachen ist, und weil es wirklich notwendig ist, daß jemand sie findet, wie sie sagt. Oder der alte Kirchenvater Augustin, der von der Unruhe seiner lebenslangen Gottessuche erklärt: »Mein Herz ist unruhig, bis es Ruhe findet in dir.« Der Mensch als Sucher, als Sachensucher, Gottessucher, Schatzsucher ...

So wichtig kann dieser Gedanke werden, daß das Finden fast aus dem Blick gerät. Das klingt absurd. Ist nicht alles Suchen auf Finden aus? Und doch hat es auch das gegeben. Die Suche als Lebensprogramm. Die Suche ohne Finden als Ziel. Im 12. und 13. Jahrhundert ist sie kultiviert worden als Suche nach dem Heiligen Gral oder später als Suche nach der blauen Blume. Legenden und Erzählungen haben sich um die Suche gerankt und ganze Generationen fasziniert. Ein Leben für die Suche wurde zum Ideal. Das Finden oder Ankommen war dabei nicht unbedingt vorgesehen. Ohne das Finden aber wird die Suchbewegung zur unstillbar scheinenden Sehnsucht und Schwermut.

Suchen und Finden. Davon erzählt Jesus. Das verspricht er an anderer Stelle: »Suchet, so werdet ihr finden.« Und er führt es vor: Der Hirte sucht sein Schaf, die Frau ihren Groschen. Sie wollen finden, sie wissen genau, was sie verloren haben: kein fernes Traumgebilde, sondern das, was zu ihnen gehört hat, zur Herde des Hirten und zum Lebensunterhalt der Frau.

Suchen, was zu uns gehört. Suchen, was wir verloren haben und finden. Dazu gehört das genaue Hinsehen und Hinhören und Nachspüren. Damit aus dem diffusen Sehnen, der unbestimmten Traurigkeit ein Suchen werden kann. Was ist das, was einmal zu uns gehört hat, was zum Leben notwendig war und doch verloren ging? Sind es konkrete Menschen? Ist es das, was sie für uns bedeutet, was sie uns gegeben haben? Oder ist es ein Teil von uns selbst: Neugier, Zutrauen, Unbekümmertheit? Sie sind für uns so notwendig wie der Groschen für den täglichen Lebensunterhalt der israelischen Frau. Suchen, was verloren gegangen ist. Das ganze Haus auskehren, unterm Bett und unter allen Schränken. Mit einem Licht in die dunklen Ecken leuchten. Wenn es sein muß auf den Knien herumrutschen, vielleicht schimpfend oder heulend oder flehend. Und doch suchen, denn es gibt Dinge, die wir nicht entbehren können. Vielleicht hat das Verlorene gelitten in der Zwischenzeit, kommt uns mickriger vor oder angestaubter als früher. Wer weiß, in welchem Zustand die Frau ihren Groschen fand? Schmutzig, verrostet oder verbogen? Wer weiß, wie der Hirte sein Schaf wiederfand? Mager, zerzaust, vielleicht verletzt? Hauptsache, gefunden.

Möglicher Schluß

Das Verlorene suchen und finden und zurückbringen, wo es hingehört. So klingt für mich das Lebensprogramm, das Jesus vorschlägt. Ganz unspektakulär. Ein Mann, der sein Schaf heimträgt. Es füttert und vielleicht verbindet und es wieder zusammenführt mit den neunundneunzig anderen. Eine Frau, die einen Groschen aufhebt. Ihn putzt und erleichtert zu den anderen tut, ihrem Lohn für über zwei Wochen Arbeit. Keine Gralsritter, die geheimnisvoll düster vorbeireiten und niemals ankommen. Zwei alltägliche Menschen, die gesucht und gefunden haben. Die glücklich sind und mit ihren Freunden und Freundinnen, Nachbarn und Nachbarinnen ihre Freude teilen.

Das Verlorene suchen und finden und sich freuen. Das Lebensprogramm Jesu.

Ganz unspektakulär und dann doch wieder sehr spektakulär. Denn: So wird Freude sein im Himmel. Sagt Jesus. Wenn das Verlorene, wenn die Verlorenen gefunden werden und wieder dahinkommen, wo sie hingehören. Ein Programm, das Gott selbst sich vorgenommen hat. Daß keine und keiner verloren gehen soll, nichts und niemand. Es ist etwas, das wir mit Gott gemeinsam haben sollen, die Suche nach dem Verlorenen und das Finden und das Zurückbringen und Zurückkommen.

»Gott, der Herr, hat sie gezählet, daß ihm auch nicht eines fehlet an der ganzen großen Zahl« heißt es in dem Lied »Weißt du wieviel Sternlein stehen«. So singen es die Eltern den Kindern vor. Und es geht im Lied weiter: »Kennt auch dich und hat dich lieb«.

Kontexte

»Was ihr machen wollt, weiß ich nicht«, sagte Pippi. »Aber ich selbst werde nicht auf der faulen Haut liegen. Ich bin nämlich ein Sachensucher, und da hat man niemals eine freie Stunde.« »Was hast du gesagt, was du bist?«, fragte Annika. »Ein Sachensucher.« »Was ist das?«, fragte Thomas. »Jemand, der Sachen findet, wißt ihr. Was soll es anderes sein?«, fragte Pippi, während sie alles Mehl zu einem kleinen Haufen zusammenfegte. »Die ganze Welt ist voll von Sachen, und es ist wirklich notwendig, daß jemand sie findet. Und das gerade, das tun die Sachensucher.«
(Astrid Lindgren, Pippi Langstrumpf, © Verlag Friedrich Oetinger, Hamburg 1949)

Ach, ich habe sie verloren,
All mein Glück ist nun dahin,
Wär, o wär ich nie geboren,
Weh! daß ich auf Erden bin!
Eurydike! Eurydike! Ihr Götter! – O rede! Gib Antwort!
Orpheus klagt, dein Freund, dein Gatte, so bang, so heiß ist die Klage!
Ach, ich habe sie verloren,
All mein Glück ist nun dahin,
Wär, o wär ich nie geboren,
Weh! daß ich auf Erden bin!
Eurydike! Eurydike!
Tödliches Schweigen, vergeblich Hoffen,
Ach, welches Leiden, ach mein Herz
Zerreißt die Qual!
(Arie des Orpheus III,1 aus ›Orpheus und Eurydike‹ von Christoph Willibald Gluck)

4. Sonntag nach Trinitatis

Annäherungen an den Predigttext Lukas 6,36–42

Hans Hermann Blettgen

Vorbemerkungen

Die folgende Textcollage geht auf Gespräche zurück, die in einem Kreis von fünfzehn Frauen und Männern (Lehrerinnen, Erzieherinnen, Wirtschaftler, Hausfrauen u. a.; im Alter zwischen 31 und 49 Jahren) geführt wurden. Die Teilnehmer treffen sich seit zwei Jahren regelmäßig, um über aktuelle Fragestellungen zu debattieren. Sie sind mit der Interpretation von Bibeltexten vertraut.
Zur »Annäherung« an Lukas 6,36–42 kam der Kreis an zwei Abenden zusammen.

Vers 36:
...
»Der Fettdruck hebt den Vers aus dem Zusammenhang heraus.« ...
»›Barmherzigsein‹ ist offensichtlich eine Art Grundverhalten für Christen.«
»Das Wort erinnert mich an die Geschichte vom ›barmherzigen Samariter‹. Der Samariter lebt Barmherzigsein: Er sieht den Verletzten; er reitet zu ihm hin; er steigt herab von seinem Esel; er reinigt und verbindet die Wunden; er sorgt dafür, daß der Mann ein Dach über den Kopf und die nötige Pflege bekommt.« ...
»Für mich ist Barmherzigsein mehr als ein caritativer Akt, mehr als z. B. unsere weihnachtliche Paketaktion für Georgien. Ich nehme Vers 36 als Überschrift zu den Versen 37 ff. Barmherzigsein ist ›nicht Richten‹ und ›nicht Verdammen‹, ist »Vergeben‹ und ›Geben‹. Ich verstehe: Barmherzigsein hat mit meinem ganzen Sein, mit meinem ganzen Leben, insbesondere mit meinem Zusammenleben mit anderen zu tun, mit meiner Zuwendung zu ihnen. Hat damit zu tun, wie ich meinen Mitmenschen begegne, wie ich ihnen gegenüber denke, fühle, rede und – natürlich auch – handele. Das Caritative ist nicht ausgeschlossen, aber – noch einmal – Barmherzigsein ist mehr als eine reaktiv caritative Geste. Es hat mit meinem Innersten zu tun, wie schon das Wort zum Ausdruck bringt: mit meinem Herzen. Es ist eine Grundeinstellung, die sich in einem zuvorkommenden Verhalten äußert.« ...
»Und es hat mit dem Herzen Gottes, mit seinem uns immer wieder zuvorkommenden Barmherzigsein zu tun.« ...

»Barmherzigsein ›wie unser Vater barmherzig ist‹, ist uns möglich, weil Gott uns spüren läßt, was Barmherzigsein bedeuten kann.« ...
»Barmherzigsein Gottes stelle ich mir wie eine Art Schutzraum vor, in dem wir freier leben können.« ...
»Indem wir Gottes Barmherzigsein spiegeln und so zugleich andere in seine Obhut hineinnehmen, werden wir, was wir längst sind, Kinder unseres gemeinsamen Vaters, Schwestern und Brüder.« ...
»Wir verleihen dem Barmherzigsein Gottes durch unser Barmherzigsein ein bestimmtes Gesicht, nämlich unser Gesicht.« ...

Verse 37–38:
...
»Do, ut des!« ...
»Geben, damit wir zurückbekommen!? Das kann nicht gemeint sein! Wer mit diesem Hintersinn gibt, der hat zuerst sich selbst im Blick. Wer so handelt, der instrumentalisiert, der verzweckt seine Mitmenschen, der unterhöhlt persönliche Bindungen wie Sympathie, Vertrauen, Liebe.« ...
»Außerdem funktioniert das nicht. Jedenfalls nicht immer. Ich habe oft gegeben und nichts – geschweige denn alles im ›überfließenden Maß‹ – zurückbekommen. Für den, der gibt, bleibt immer das Restrisiko, daß er leer ausgeht. Das ist meine Erfahrung.« ...
»Gebt, so wird euch manchmal gegeben!« ...
»Jesus vN will mehr als uns die Binsenwahrheiten unseres psychosozialen Verhaltens vor Augen führen. Ich verstehe, daß er uns – trotz unserer Erfahrungen mit dem sogenannten Restrisiko – dazu aufrufen möchte, es immer wieder neu mit dem Barmherzigsein zu versuchen. Ebenso wie Gott es uns gegenüber immer wieder – ›väterlich‹ – versucht. Wie anders könnte Gottes Barmherzigsein heute Fleisch werden?« ...
...
»Ich möchte auf einen anderen Punkt zu sprechen kommen: Ich kann es mir in meinem Beruf nicht leisten, nicht zu richten. Als Lehrer habe ich zu benoten, zu beurteilen. Und als Bürger einer demokratischen Gesellschaft fühle ich mich sogar verpflichtet, soziale Ungerechtigkeiten und politische Lügen schonungslos beim Namen zu nennen, sie zu verurteilen. – Die Parole von der ›zersetzenden Kritik‹ ist nicht zufällig Ausgeburt totalitären politischen Denkens.« ...
»Ich bin nicht der Meinung, daß wir es hier mit einem jesuanischen Maulkorberlaß zu tun haben. Der Nazarener selbst hat harte Kritik geübt. – Ich möchte unterscheiden zwischen unbarmherzigem Richten im Sinne von Hinrichten, endgültig Verurteilen, keine Chance mehr geben, Ausgrenzen (und Abschieben) aus einer Klassen- oder Volksgemeinschaft, und barmherzigen Richten im Sinne von ›Aufrichten‹ und ›neu Ausrichten auf‹, neu Motivieren z. B. in einem Klassenverbund wieder erfolgreich mitzuarbei-

ten oder sich gesellschaftlich integrieren zu lassen und für ein besseres Zusammenleben einzutreten.«

...

Vers 39:

...

»Ist der Vergleich allgemein zu verstehen? Sind wir alle blind? Worauf sind wir blind? Was bedeutet, ›den Weg weisen‹?« ...

»Ich verstehe: Wir alle sind ›blind‹ im Blick auf unseren zukünftigen Lebensweg. Keiner von uns weiß heute, was morgen sein wird. Wir können gar nicht anders als unseren Weg wagen. Damit unser Weg aber auch ›unser‹ Weg wird, werden wir ihn selber finden müssen. Wir sollten uns dabei nicht auf andere verlassen, wenn wir nicht auf einen Irrweg geraten, nicht in eine ›Grube‹ fallen wollen. Andere können uns allenfalls beraten.« ...

»M. E. geht es Jesus vN um die Auslegung der Schrift. ›Den Weg weisen‹ erinnert mich an den Titel, den Martin Buber seiner Übersetzung der fünf Bücher Mose gab. Er nannte sie ›Die fünf Bücher der Weisung‹. - Ich unterstelle, daß Gott uns den Weg in eine gute Zukunft weisen möchte. Durch Auslegung der Schrift auf unsere Lebenssituation hin wird es uns möglich, die Richtung, in die uns Gott führen möchte, zu erahnen und die entsprechenden nächsten Schritte zu wagen. - ›Blind‹ wären demnach die, die sich anmaßten, aus sich selbst heraus ihren Weg zu finden.« ...

»Die Auseinandersetzung mit der Bibel macht uns also ›sehend‹?« ...

»Sie nimmt ein wenig von der Trübung unserer Augen fort.« ...

Vers 40:

...

»Als ›Meister‹ sähe ich den an, dem es gelänge, die Bibel für unser Leben durchsichtig zu machen, d. h. der es uns erleichtern könnte, den Weg für die nächsten Schritte in eine gute Zukunft zu wählen. – Bibelauslegung ist kein ›Luftgeschäft‹. - Und ein ›Jünger‹ wäre dann seinem Meister ebenbürtig, wenn er - wie jener - in der Lage wäre, die Schrift für unsere Lebenspraxis verbindlich zu erklären. Mehr bzw. ›vollkommener‹ könnte er nicht werden.« ...

Verse 41–42:

...

»Motto: Ein jeder fege zunächst vor seiner eigenen Tür! Das ist mir zu moralisch.« ...

»Diese Forderung könnte zur Unehrlichkeit, zu einer fragwürdigen Solidarität führen. Etwa nach der Devise: Wir haben ja alle unseren Balken im Auge! Ich sähe die Gefahr einer zwanghaften und zugleich hemmungslosen Gleichmacherei auf uns zu kommen.« ...

»Warum sollte ich – als Träger eines Balkens in meinem Auge – mich nicht

in barmherziger Absicht um den Splitter im Auge meiner Schwester oder meines Bruders kümmern dürfen? Was hat das mit ›Heuchelei‹ zu tun?« ...
»Um klarer zu sehen, nähme ich sogar das operative Können eines Heuchlers ohne Gewissensbisse in Anspruch.« ...
»Ich stelle mir vor, daß diese Worte ursprünglich an bestimmte Leute gerichtet waren. Vielleicht an solche, die sich anmaßend gegenüber anderen verhielten. Solchen Leuten gehören doch solche Worte ins Stammbuch geschrieben.« ...

Zum Gottesdienst

Sabine Bäuerle

Exegetisch-homiletische Skizze

1. Die Feldrede als Ganze

Der Text ist ein Abschnitt aus der lukanischen Feldrede (Lukas 6,20–49). Nach traditioneller Auffassung stammen gewichtige Teile dieser Feldrede aus der »Logienquelle«, die sowohl Matthäus als auch Lukas vorlag. Im Zentrum der Feldrede stehen das Gebot der Feindesliebe und seine Begründung im Verweis auf das göttliche Handeln sowie die Goldene Regel.
Die Feldrede ruft auf zum Handeln, sie sagt Heil zu, allerdings in der Form der Mahnung. Als Ganze ist sie keine theologisch durchkomponierte Zusammenfassung der christlichen Botschaft, sondern eher eine Redesammlung ohne strenge systematische Gliederung und einheitliche Gedankenführung. »Die Eigenarten der mündlichen Tradition (Stichwortzusammenhang, Fehlen glatter Übergänge) sind unverkennbar. Die Arbeit der Redaktion beschränkt sich fast ausschließlich auf das Zusammenstellen des literarischen Materials« (J. Ernst, Das Evangelium nach Lukas. Regensburg 1977[5], 236 f.).
Bei einer solchen Sammlung verschiedener Traditionsstücke läßt sich der ursprüngliche »Sitz im Leben« nicht genau bestimmen. Während die einen an eine postbaptismale Unterrichtung der Neugetauften denken, betonen andere vor allem den Verkündigungscharakter: Die Feldrede stehe Jesu Worten sehr nahe und könnte als Ganze das Modell einer urchristlichen Predigt darstellen (vgl. ebd.). Für die Predigt haben diese unterschiedlichen Einschätzungen m. E. keine gravierende Bedeutung. Wichtig ist allerdings, daß sich die Worte an Menschen richten, die mit der Botschaft Jesu bereits vertraut sind.
Einzelne Sprüche erinnern deutlich erkennbar an profane Klugheitsregeln und haben viele Parallelen in der jüdischen Weisheitsliteratur. Einzelne

Ausleger beklagen deshalb die fehlende Originalität dieser Worte Jesu; ich sehe darin eher eine Chance für die Predigt: Hier werden Alltagserfahrungen zum Thema gemacht, an die es aufzunehmen gilt.

2. Der Predigttext Lukas 6,36-42 und sein Kontext

Unserem Text voraus geht eine paränetische Spruchsammlung über die Feindesliebe (6,27–35). Dieser folgt in V. 36 der Aufruf, nach dem Vorbild Gottes barmherzig zu sein. Der Ruf zur Barmherzigkeit, »wie auch euer Vater barmherzig ist«, bildet nicht nur das Bindeglied zwischen dem Perikopentext und dem vorhergehenden Abschnitt, sondern kann auch als Überschrift und Vorsatz für die folgenden Verse gelesen werden.

Nach klassisch rechtfertigungstheologischer Auslegung gilt V. 36 als Fokus der Perikope. Gottes Barmherzigkeit ist Ursprung und Möglichkeit unseres barmherzigen Handelns. Den ethischen Weisungen geht die Zusage des göttlichen Heilshandelns voraus.

Die folgenden Weisungen konkretisieren das Liebesgebot im praktischen Verhalten und zeigen, wie Gottes Barmherzigkeit im zwischenmenschlichen Verhältnis wirksam werden kann und soll. Zum einen zeigt sie sich darin, bestimmte Dinge nicht zu tun, nämlich weder zu richten noch zu verurteilen. Dabei ist nicht an eine juridische Deutung gedacht, sondern Jesus wendet sich hier »gegen das lieblose Aburteilen im täglichen Umgang« (Ernst, Seite 228). Kein Berufsverbot für Richterinnen und Richter wäre also damit ausgesprochen, das Wort richtet sich vielmehr dagegen, die Fehler anderer selbstherrlich zu richten, den Mitmenschen anmaßend zu verurteilen.

Den Verboten folgen die zwei Gebote zu vergeben und zu geben. Im Geben wird die Erfahrung der göttlichen Zuwendung weitergegeben und nimmt konkrete Gestalt an. Das kann auf verschiedene Weise geschehen. Neben der Aufforderung, anderen Schuld zu vergeben und ihnen zu verzeihen (V. 37), steht die Mahnung, anderen handfest materiell vom Eigenen abzugeben (V. 38). Das Bild vom gedrängten, gerüttelten, überfließenden Maß, das einem wie bei Sterntaler in den Schoß geschüttet wird, läßt das antike Geschäftsleben assoziieren. Freigiebigkeit im Bereich der materiellen Güter und die rechte Verwendung des irdischen Besitzes ist ein wesentliches Anliegen des Lukas, der die soziale Kluft zwischen Armen und Reichen und die Verteilung der Güter immer wieder zum Thema macht. »Für das praktische Zusammenleben der christlichen Gemeinde sind die hier geforderten Verhaltensweisen des Verzeihens und des Almosengebens von größter Bedeutung.« (Ernst, Seite 229)

Die Rede vom blinden Blindenführer in V. 39 ist ein profanes Sprichwort, das sich auch bei Plato findet, das Jünger-Meister-Logion in V. 40 hat seine sachliche Wurzel in einer sprichwörtlichen Redensart. Beide Sentenzen wurden von Lukas übernommen und, als Gleichnis eingeführt, in den gegenwärtigen Zusammenhang eingepaßt, ohne daß sie ihrem Bildgehalt nach so recht in den Gedankengang zu passen scheinen. Insofern in ihnen vor Besserwisserei und Rechthaberei derer gewarnt wird, die selbst auch ihre Fehler haben, sind sie in den Duktus der Perikope eingeflochten. Über das semantische Netz ›blind/sehen‹ mit diesem Einschub verknüpft, folgt in den VV. 41–42 das Bildwort vom Splitter und Balken im fremden und im eigenen Auge, das die Mahnungen der Eingangsverse noch einmal zuspitzt und all diejenigen auf sich selbst verweist, die vermeintlich scharfsichtig Verfehlungen ihrer Mitmenschen in den Blick nehmen, aber blind sind für die eigenen. Die Schärfe des Verweises, sich allererst um den Balken im eigenen Auge zu kümmern, ist so eindrücklich, daß dieses Logion bis heute – diesseits und jenseits der christlichen Gemeinde – bekannt und im Umlauf ist.

3. Folgerungen für die Predigt

Formgeschichtlich gehören die Verse des Predigttextes zur Gattung der weisheitlichen Mahnworte. Sie thematisieren, was sich im menschlichen Miteinander zur Lebenserfahrung verdichtet. Was das lukanische Evangelium in Gestalt von Imperativen zumutet, findet seinen Widerhall in uns heute geläufigen Sprichwörtern: »Wie du mir, so ich dir«, »Wie man in den Wald hineinruft, so schallt es heraus«, »Was du nicht willst, daß man dir tu, das füg' auch keinem andern zu«. Wo der biblische Text aber so deutlich auf den Ton allzuvertrauter Lebensweisheiten gestimmt ist (oder wird), da gilt es, noch einmal genau auf Dissonanzen zu hören:

1. Auf dem Hintergrund unserer Erfahrungen sind die einzelnen Mahnungen allgemein gültig und treffen doch oft die besondere Situation nicht oder nur teilweise: »Gebt, so wird euch manchmal gegeben.« Erst wo die Verse (konkret) in Szene gesetzt werden, läßt sich entdecken, wo sich der biblische Text mit Alltagserfahrung deckt, wo er widerstandsfähig bleibt, wo er heilsam wirken oder naiv erscheinen kann.

2. Der Predigttext legt, zumal in der Luther-Übersetzung, ein einliniges Verständnis des Tun-Ergehen-Zusammenhanges nahe: »Do, ut des!« Der Grund, bestimmte Dinge zu tun, liegt dann nicht in der Handlung selbst, sondern in dem, was damit (von anderen) erwartet wird; und das Motiv, anderes zu unterlassen, rührt aus der Angst vor dem, was (andere) einem antun könnten. Im Horizont alttestamentlicher Überlieferung aber trägt die Tat selbst ihre Tatfolge in sich. Diejenige, die Vergebung übt, schafft einen Lebensraum, in dem sie selbst freier leben kann, weil es in ihm nicht gnadenlos zugeht. Oder: Wer gibt, der macht Beziehungen für sich mit anderen möglich, die nicht nur auf geregeltem Tausch, sondern eben auch auf Gabe und Hingabe beruhen.

3. Die Aufforderung, andere nicht zu richten, nicht zu verurteilen und ihnen zu vergeben, überschreitet die geläufigen Muster moralischer Diskri-

minierung und Selbstbehauptung: Noch und gerade in Bedürftigkeit und Schuld sind wir nicht mehr als Gleiche unter Gleichen. In dieser menschenfreundlichen Aufforderung um Gottes Willen werden aber gleichzeitig auch die realen Unrechtsverhältnisse übersprungen, die vielfältigen Konflikte, in denen Macht und Ohnmacht ungleichgewichtig sind. Als ob nicht auch jenseits der Gerichte be- und ge- und schließlich auch verurteilt werden müßte. Als ob nicht Täter auch Täter genannt werden müßten, um deren Opfer nicht zu verraten: bei Kriegsverbrechen gegen die Menschlichkeit, Gewalt gegen Frauen, Mißbrauch von Kindern. Wer darf da wen zur Vergebung aufrufen?
Meine Predigt soll zwei Leitmotive entfalten, nämlich einerseits die lebensgeschichtliche Bedeutung dessen, was im biblischen Sinne der Tun-Ergehen-Zusammenhang meint, und andererseits die Frage, wie theologisch verantwortet, nicht trivial, von Vergebung und von Grenzen der Vergebung zu reden ist: Nachdem ich in einem Eingangsteil die paränetischen Mahnungen in ihrem lebenswichtigen Zusammenhang identifiziert habe, möchte ich zunächst Erfahrungen aufspüren, die sich den eingängigen Doppelsätzen des Predigttextes nicht fügen. »Es kann im Leben eines Menschen Dinge geben, die man nicht verzeihen kann und wo man richten muß«, diese Behauptung soll die theologische Herausforderung meiner Predigt werden. Die Tiefe und Konsequenz dieses Satzes gilt es auszuloten: Was bedeutet er für diejenige, die nicht verzeihen kann, für denjenigen, dem nicht verziehen wird?

Vorschläge zur Liturgie

Votum
Im Namen Gottes, Quelle allen Lebens, im Namen Jesu Christi, Grund unserer Hoffnung und im Namen des Heiligen Geistes, Spenderin von Kraft und Lebensfreude.

Eingangswort
Wohl den Menschen, die dich, Gott, für ihre Stärke halten und dir von Herzen nachfolgen. Wenn sie durchs dürre Tal ziehen, wird es ihnen zum Quellgrund, und Frühregen hüllt es in Segen. Sie gehen von einer Kraft zur andern, denn Gott ist Sonne und Schild und gibt Gnade und Ehre. Wohl den Menschen, die sich auf Gott verlassen. Psalm 84,6–8.12

Sündenbekenntnis
Gott, wir bringen mit, was uns freut und was unser Leben schöner macht.
Aber wir bringen auch mit, was uns plagt und bedrückt.
Unser Scheitern und unsere Schuld.
Die Widersprüche, die wir nicht ausgleichen können.

Die Schwäche, die uns überwindet.
Die Kränkungen, die uns zusetzen.
Der Schmerz, den wir aushalten müssen.
Sieh uns freundlich an, uns, und alles, was uns fehlt und was wir schuldig bleiben.

Gnadenzuspruch
Gott wird euch immer und überall führen. Gott wird euch auch im dürren Land satt machen und euch Kraft geben. Ihr werdet wie ein Garten sein, der immer genug Wasser hat und wie eine Quelle, der es nie an Wasser fehlt. (Jesaja 58,11)

Eingangsgebet
Hier bin ich, Gott, vor dir, so wie ich bin.
In deine Hände lege ich meine unruhigen Gedanken und meine wirren Gefühle.
In deinen Schoß lege ich meinen müden Kopf und meine Sorgen.
Unter deinen Mantel lege ich meine verwundete Seele und meinen schutzlosen Leib.
Hier bin ich, Gott, vor dir, so wie ich bin.
Laß Ruhe in mich einkehren und mich deine heilende Gegenwart spüren.
(nach Anton Rotzetter, Gott, der mich atmen läßt, Herderbücherei Band 8832, Verlag Herder, Freiburg, Neuausgabe 3. Aufl. 1996)

Lesung
Genesis 50,15–21 Josefs Versöhnung mit seinen Brüdern. Diesen Text schlage ich vor als Lesung, wenn in der Predigt anklingen soll, was die Voraussetzungen dafür sind, daß wir Menschen vergeben können. Hier könnte die Predigt auf die Frage eingehen, ob Josef auch so generös hätte sein können, wenn sein Leben in Ägypten nicht so erfolgreich verlaufen wäre. Bei einer eher rechtfertigungstheologisch akzentuierten Predigt alternativ Matthäus 25,14–30, das Gleichnis von den anvertrauten Zentnern oder die zum 4. Sonntag nach Trinitatis vorgeschlagenen Episteln.

Fürbitte
Gott, unser Trost, wir erfahren so viel über unsere Welt und über fehlende Güte. Deshalb bitten wir dich:

Komm, du Menschenfreundin, mit deiner Güte.
Laß uns herauskommen.
Zeige uns, wen wir in deinem Namen erreichen können:

Die Erschöpften und die Abgestumpften,
daß wir sie ermuntern und ihre Augen wieder lachen können.
Wir bitten dich: Kyrie eleison (EG 178.9 oder 178.12)

Die Gehemmten und die Unbeholfenen,
daß wir sie bestärken und ihr Zutrauen zu sich selbst wächst.
Wir bitten dich: Kyrie eleison

Die Einsamen und die Verborgenen,
daß wir sie aufsuchen und sie sich wieder unter Menschen trauen.
Wir bitten dich: Kyrie eleison

Die Ratlosen, die am Ende sind,
daß wir sie begleiten und sie sich wieder Anfänge zutrauen.
Wir bitten dich: Kyrie eleison

Komm, Gott, tröste uns, auf daß wir wieder trösten können.
(Quelle unbekannt)

Lieder
Die güldne Sonne, EG 444,1–5
Nun preiset alle Gottes Barmherzigkeit, EG 502,1.2.4.5
Gott, gib mir Mut zum Brückenbauen, EG 628,1–5
Gott, wir bitten: Komm und segne uns, EG 590,1–3

Vorschlag zur Predigt

Möglicher Anfang
Liebe Gemeinde, so ist es! Wo immer Menschen auf gute Weise zusammenleben wollen, da gelten diese Worte Jesu. Hier werden Erfahrungen formuliert, die wir im täglichen Umgang miteinander machen können: Die Erfahrung, daß es einen Zusammenhang gibt zwischen dem, was uns widerfährt und dem, wie wir uns verhalten. »Werdet barmherzig, wie der Vater barmherzig ist.« Wer Erbarmen und Vergebung, Mitleid und Sympathie spürt und erfährt, weiß, wie gut das tut und kann in der Folge etwas davon an andere weitergeben. Und umgekehrt: Unser Verhalten hat Auswirkungen auf das, was uns widerfährt. Wenn ich etwa gute Laune habe und ein freundliches Lächeln im Gesicht, dann begegnen mir an diesem Tag andere auch freundlicher als sonst. Bin ich aber umgekehrt angespannt und gereizt, kann ich davon ausgehen, daß mein Kind an diesem Tag besonders anstrengend ist, weil es meine Stimmung spürt und darauf reagiert. Einer, der die Geburtstage seiner Lieben nicht vergißt, sondern ihnen schreibt oder anruft, wird an seinem Geburtstag auch viele Grüße und Glückwünsche erhalten. Eine, die aus dem Urlaub nie auch nur ein Postkärtchen verschickt, muß sich nicht wundern, wenn der Briefträger an ihrer Haustür vorbeigeht und die bunten Urlaubsgrüße ausbleiben. Wer Beziehungen pflegt und etwas dafür tut, bekommt in der Regel auch etwas zurück. »Gebt, und euch wird gegeben werden«, sagt Jesus. »Wie man in den Wald hineinruft, so hallt es heraus«, sagen wir dazu.

Jesu Worte sind Lebensweisheiten, deren Sinn, was unseren Alltag anbelangt, unmittelbar einleuchtet. Aufforderungen, von denen wir uns ansprechen lassen, weil sie etwas ansprechen, das uns geläufig ist. Worte, die Erfahrungen zum Thema machen, die wir kennen.
Liebe Gemeinde, aber oft ist es eben auch anders. »Ich habe oft gegeben und nie etwas zurückbekommen«, sagt die eine. Es stimmt nicht, daß uns immer von anderen gegeben wird, wenn wir geben. Da ist einer seinem Kollegen gegenüber tolerant und kompromißbereit, trägt ihm nichts nach und bemüht sich um gute Zusammenarbeit. Aber es wird ihm nicht gedankt. In einer Situation, als er umgekehrt auf den guten Willen seines Kollegen angewiesen ist, läßt der ihn im Stich. Die Worte Jesu sind nicht einfach nur selbstverständlich, deckungsgleich mit unserer Alltagserfahrung.

Zum weiteren Verlauf
- Im folgenden kann die Predigt die Dissonanz zwischen biblischem Wort und unterschiedlichen Alltagserfahrungen verfolgen.
- Es gibt Situationen, wo Menschen richten und urteilen müssen. Ich meine jetzt nicht die Lehrenden in der Schule oder unsere Gerichte. Ich meine auch nicht unsere Pflicht, soziale Ungerechtigkeit und politische Lügen beim Namen zu nennen. Das sind Urteile und Kritik, auf die zu verzichten wir uns nicht leisten können.
Was ich meine, sind Extremsituationen, wo es geradezu leichtfertig und unbarmherzig wäre, von jemanden zu fordern, er oder sie solle nicht richten und müsse vergeben. Es ereignen sich zwischen Menschen Dinge, die sie nicht verzeihen können. Ein Vater quält seine Kinder, die Mutter ist nicht bereit hinzuschauen und wird so zur Mittäterin. Da erleben Eltern, daß ein Arzt aus Unachtsamkeit einen Kunstfehler begeht, an dessen Folgen ihr Kind stirbt. Einer muß zuschauen, wie ein betrunkener Autofahrer seine Freundin anfährt, ein Unfall, in dessen Folge sie querschnittsgelähmt bleibt. Da quälen, erniedrigen, vergewaltigen, morden Männer in einem Krieg ihre Feindinnen und Feinde und behaupten, sie seien damit bloß Befehlen nachgekommen.
Es kann im Leben eines Menschen Dinge geben, die man nicht verzeihen kann, und wo man richten muß. Wo die Täter als Täter benannt werden müssen, um den Opfern die Treue zu halten und sie nicht dem Verrat anheimzugeben. Manchmal ist Vergebung nicht möglich, selbst wenn man es wollte, weil die eigenen Wunden einfach zu tief sind.
- Die Predigt kann das Zitat aus dem Roman »Tausend Morgen« der Schriftstellerin Jane Smiley aufnehmen (siehe Kontexte).
- »Verzeihen ist ein Reflex, wenn man das, was man weiß, nicht erträgt.« Es ist ein richtiger Satz und ein notwendiger Gedanke. Und es ist auch ein schlimmer Gedanke. Es ist schlimm, daß es solche Lebensgeschichten gibt, wo ein Verzeihen - jedenfalls in diesem Leben - nicht mehr möglich ist.

Nicht möglich, weil das Erlebte nach menschlichem Vermögen nicht zu verzeihen ist. Oder nicht möglich, weil das Gegenüber nicht bereit ist, seine Schuld einzugestehen oder überhaupt zu sehen. Denn das ist die Voraussetzung für Vergebung: daß Schuld eingesehen und übernommen wird. Wie soll ich jemandem verzeihen, der gar nicht zum Gespräch über das Geschehene bereit ist oder gar von sich behauptet, sich keinerlei Schuld bewußt zu sein.
Aber umgekehrt: Vergebung zu wollen und sie nicht zu bekommen, das ist furchtbar. Mit dem Satz »Das kann ich dir nie verzeihen!« leben zu müssen. Mit dem Gefühl und dem Wissen, daß ich einen Fehler gemacht habe, aber daß mir nicht verziehen wird. Daß ich die Schuld unvergeben mit mir herumtrage, diese schwere Last. Denn selbst vergeben kann sich niemand. Das muß von einer oder einem anderen kommen.
Es bleibt immer etwas zurück, wo einem Menschen nicht verziehen wird oder bei einem Menschen, der oder die nicht verzeiht. Beide müssen damit leben. Und selbst wenn es tatsächlich so ist, daß mit der Zeit der Schmerz oder der Haß kleiner werden - ein Riß bleibt.
- Die Predigt kann nachzeichnen, wie jede und jeder mit den Folgen des eigenen Verhaltens leben muß.

Möglicher Schluß
Jede Tat trägt ihre Folgen schon in sich. Und deshalb ist es wichtig, sich an dem auszurichten, was Jesus sagt: »Gebt, und euch wird gegeben. Vergebt, und euch wird vergeben.« Es ist gut, wenn es möglich ist.
Aber wenn nicht? Was tun wir mit all dem, was wir nicht vergeben können? »Werdet barmherzig, wie Gott barmherzig ist«, sagt Jesus. Vielleicht ist es einfach so, daß uns das nicht in jeder Situation gelingt. Vielleicht müssen wir damit leben, daß am Ende nicht alles aufgeht. Daß unsere Barmherzigkeit eben nicht hinreicht.
Mir ist es ein Trost, dann auf die göttliche Barmherzigkeit zu hoffen. Mag sich Gott derer annehmen, die hier keine Vergebung finden, weil sie sich in einer Weise versündigt haben, daß Menschen nicht vergeben können. Und mögen die, denen nicht verziehen wird, etwas spüren von der Barmherzigkeit Gottes. Amen.

Kontexte

Jane Smiley beschreibt in ihrem Roman »Tausend Morgen« die Geschichte einer nordamerikanischen Farmerfamilie. In dieser Familie herrscht das Klima von Gewalt, Inzest und Verrat. Doch alles schwelt unter der Oberfläche. Eines Tages kommt ans Licht, was der Vater seinen Töchtern angetan hat und schließlich, am Ende des Romans, sagt Rose, eine der Töchter:
»Also ist alles, was mir bleibt, das Wissen, daß ich gesehen habe! Daß ich ohne Angst gesehen habe und ohne mich abzuwenden, und daß ich das Unverzeihliche nicht

verziehen habe. Verzeihen ist ein Reflex, wenn man das, was man weiß, nicht erträgt. Ich habe diesem Reflex widerstanden. Das ist das einzige, alleinige, einsame Werk, das ich zustandegebracht hab.«
(Jane Smiley, Tausend Morgen, © Jane Smiley 1991, Deutsche Ausgabe: © S. Fischer Verlag GmbH, Frankfurt am Main, 1992)

Hans Traxler: »Die größten Kritiker der Elche waren früher selber welche.«
Das Bild vom Splitter und vom Balken impliziert, daß ich nicht bereit oder in der Lage bin, meine eigenen Fehler zu sehen und zu erkennen, wohl aber die der anderen. Ich denke, es ist eher umgekehrt: Was mich an mir selbst stört und was ich an mir nicht akzeptieren kann, das stört mich bei anderen um so mehr. Das meistzitierte Beispiel in diesem Zusammenhang sind die NichtraucherInnen, die militant geworden sind, weil sie früher selbst Kette geraucht haben. Also halte ich es an dieser Stelle lieber mit Traxler.

Predigttext zum Deutschen Evangelischen Kirchentag

Psalm 85

Cordelia Kopsch

Theologisch-homiletische Skizze

Es gibt biblische Texte, die kaum je vollständig zitiert werden, von denen aber ein Teil - manchmal auch nur ein Vers - besonders bekannt und beliebt ist. Zu diesen Texten gehört Psalm 85. Daß »Gerechtigkeit und Friede sich küssen« (V. 11) - darauf ist seit etwa Mitte der 80er Jahre gern Bezug genommen worden, in Andachten, Predigten und Ansprachen. Psalm 85 wurde zu einer Art Belegstelle für den Zusammenhang von Gerechtigkeit und Frieden, für die biblische Verwurzelung des konziliaren Prozesses für Gerechtigkeit, Frieden und Bewahrung der Schöpfung.
In der Beschränkung auf Vers 11 ist oft zu kurz gekommen, daß dieser Psalm in seinem Eingangsteil keineswegs von einer Vision des Friedens bestimmt ist. Dabei ist der Psalm, im ganzen gelesen und gehört, von extremen Gefühlen bewegt. Der Zorn Gottes steht im Mittelpunkt der Verse 3-7, umrahmt vom Verweis auf die Vergebung, die Gott den Vorfahren gewährt hat und vom Flehen um Gnade und Heil. Der Zorn Gottes, der kein Ende zu nehmen scheint - und die Auflehnung dagegen: da hadern Menschen mit Gott, sie argumentieren und verhandeln mit ihm, sie flehen und bitten. Ohnmächtig kommen sie sich vor und haben doch Grund zu hoffen: denn hat nicht Gott in der Vergangenheit seine Gnade gezeigt, die Gefangenen befreit und die Sünden vergeben?
Worin das »Heil« besteht, von dem in Vers 8 die Rede ist, wird in den Versen 9-14 entfaltet: Dort entsteht vor unseren Augen das Bild von Gerechtigkeit und Frieden, das auch heute Ausdruck der Sehnsucht vieler Menschen ist. In immer neuen Wendungen wird beschrieben, wie Wahrhaftigkeit und Treue, Gerechtigkeit und Frieden zusammengehören. Sie bestimmen das ganze Leben und zeigen so, wie Gott ist.
Gewalt und Unterdrückung, Korruption und kurzlebige politische Versprechungen - heute ist es wohl eher die Überflutung mit »schlechten« Nachrichten, die viele mürbe macht. Nur selten reicht es zum Zorn ... über die Verhältnisse, über Gott, über mich selbst. Probleme, die noch vor einiger Zeit fern schienen, treffen uns gleichwohl direkter: Den Krieg gibt es nun

auch wieder in Europa, »innere« Konflikte wie der um die Kurden in der Türkei haben Auswirkungen bei uns, Armut trifft auf erschreckende Weise immer mehr Ausländerinnen und Ausländer ebenso wie Deutsche mitten unter uns. Das alles zu wissen und manchmal auch zu erleben, hilft mir wenig. Zu oft fühle ich mich wie eine Beobachterin von Ereignissen, auf die ich selbst bei bestem Willen keine Einflußmöglichkeiten habe.
Frieden und Gerechtigkeit - das ist auch Hinweis darauf, daß Unfrieden und Krieg nicht vom Himmel fallen. Und das kann - seit den Zeiten der Psalmisten - offenbar nie zu häufig gesagt werden. Krieg und Gewalt sind auch Ausdruck von Ungerechtigkeit, von Unterdrückung und Ausbeutung, Diskriminierung und Benachteiligung. Wer Frieden will, muß den Frieden vorbereiten, hieß es in den 80er Jahren in Abwandlung des Wortes von Clausewitz: Si vis pacem, para bellum! Konfliktursachenbearbeitung und -vorbeugung heißt das in der Friedensforschung.
Ich kehre zurück zu Psalm 85: Vielleicht gehört echter Zorn dazu, vielleicht braucht es das Hadern mit Gott, das Beten, Bitten und Flehen, damit inmitten aller Erfahrungen, die wir mit Ungerechtigkeit und Unfrieden machen, erneut die Hoffnung aufscheint, von der im zweiten Teil des Psalms die Rede ist. Vielleicht müssen wir lernen uns neu für das zu öffnen, was uns und anderen wehtut. Damit wir als einzelne, aber auch in Gruppen, in der Gemeinde und als Menschen mit politischer Verantwortung das erleben können, was vielleicht auch damals, als Psalm 85 entstand, wichtig war: daß Hoffnung wächst, wo wir nur Ruinen sahen; daß wir - lahm und resigniert, wie wir oft sind - erwachen können zu neuem Leben.

Vorschläge zur Liturgie

Kollektengebet

Gott, nähre du unsere kleine Hoffnung,
die groß werden kann durch dich:
so bitten wir dich durch Jesus Christus,
der uns das Gleichnis vom Senfkorn erzählt,
der uns erzählt, wie aus kleinen Anfängen Großes wachsen kann.

Gott, mache uns Mut,
wenn wir träumen von der Gerechtigkeit:
so bitten wir dich durch Jesus Christus,
der uns erzählt vom großen Gastmahl,
zu dem alle eingeladen sind, die Prominenten und die von den Hecken und Zäunen.

Gott, gib uns Beharrlichkeit
für unsere Gesten der Versöhnung und des Friedens:
so bitten wir dich durch Jesus Christus,

der uns erzählt, daß es notwendig und gut sein kann,
eine ganze Meile mitzugehen mit dem Menschen, den wir als Feind ansehen.
Amen

Fürbitten

Gott,
so haben wir uns das nicht vorgestellt,
daß Armut auch in unserem Lande herrscht,
daß der Krieg zurückkehrt nach Europa,
daß wir die Folgen von wirtschaftlichem Elend und Bürgerkrieg und Gewalt in fernen Ländern alltäglich spüren in der Gegenwart von Flüchtlingen aus aller Welt.

Nein, so haben wir uns das nicht vorgestellt,
daß Jugendliche bei uns viel zu oft keinen Arbeitsplatz finden,
daß langjährige Mitarbeiterinnen und Mitarbeiter immer öfter ihre Arbeit verlieren,
daß es für viele Menschen keine Zukunft gibt, auf die sie sich freuen können.

Gott, viele von uns haben lange gedacht,
es geht uns doch gut.
Wir leben in einer Demokratie, in Frieden, in einer sozialen Marktwirtschaft. Wir haben unser Auskommen, und wenn wir gefragt werden, wie es uns geht, sagen wir: Wir können nicht klagen.

Doch nun klagen wir,
und wenn es uns nicht selbst trifft,
dann doch viele um uns.
Und wenn es bei uns in Deutschland so viel besser geht als in Rußland und Haiti, als in Thailand und Ruanda, als in Peru und auf den Philippinen – Veränderung brauchen wir dort und hier.

Und wir können nicht anders und wollen nicht anders
als nach dir, Gott, zu rufen und dich zu bitten.
Und zu hoffen und zu rufen,
daß deine Gerechtigkeit einzieht und schafft, was wir (allein) nicht vermögen,
daß dein Frieden uns mit dir und untereinander versöhnt.
So werden wir fähig, nicht nur für uns zu bitten und zu arbeiten,
sondern für die, die mit uns sind,
in unserer Gemeinde und unserem Dorf/unserer Stadt,
in unseren Partnergemeinden und Freundeskreisen,
in unserem Land und unseren Nachbarländern,
in der einen Welt, die du geschaffen hast.

Predigtvorschlag

Stellen wir uns einmal vor, die folgenden Zeilen sollten das Leben in der Bundesrepublik Deutschland beschreiben:
»Gnade und Treue begegnen sich;
Gerechtigkeit und Friede küssen sich;
Treue sproßt aus der Erde.
Gerechtigkeit schaut vom Himmel herab;
das Land gibt seinen Ertrag;
Gott gibt den Segen dazu.«
Können Sie sich das vorstellen? Sicherlich geht es Ihnen ähnlich wie mir: Zu groß ist der Kontrast zwischen dieser Schilderung und unserer Wirklichkeit. Psalm 85 - ist das also nur ein frommer Wunsch, geeignet höchstens zur Beschreibung einer lange zurückliegenden Vergangenheit oder einer fernen Zukunft? Bevor wir die Worte des 85. Psalms einfach beiseite legen, lassen Sie uns einen Augenblick innehalten.

Wo haben wir solche oder ähnliche Worte zuletzt gehört? In der Kirche? Vielleicht. Wahrscheinlich aber auch noch anderswo. Denn »Frieden« und »Gerechtigkeit«, das fällt mir immer wieder auf, gehören zu den regelmäßig wiederkehrenden Schlüsselworten in politischen Reden und Programmen. Da ist die Rede von »sozialer Gerechtigkeit«, und diese zu erreichen, wird als vorrangiges Ziel genannt. Auch in der Außenpolitik unseres Landes geht es, hört man auf die offiziellen Verlautbarungen, vor allem um Frieden und Gerechtigkeit. Ja, selbst die Einrichtung von schnellen Eingreiftruppen der Bundeswehr wird in den Schriften des Bundesverteidigungsministeriums durchaus mit entsprechenden Begriffen einsichtig zu machen versucht. Die zahlenmäßige Verkleinerung der Bundeswehr wiederum, so ist zu berücksichtigen, läßt die Frage nach der Wehr-Gerechtigkeit neu aufkommen. Mehr Gerechtigkeit zwischen Ost- und West-Deutschland sollte der Solidaritätszuschlag bringen. Die umstrittene Veränderung des Artikel 16a des Grundgesetzes, des sogenannten Asyl-Artikels, wird von den Befürwortern auch unter Verweis auf den inneren Frieden in unserem Land gerechtfertigt.

Treue, Güte und Zuverlässigkeit - solche soziale Tugenden - mit der Umsetzung in der größeren Gemeinschaft über die eigene Familie hinaus mag es wohl ein paar Lücken geben. Und vielleicht ist auch die Frage, welchen Ertrag das Land bei uns bringt, komplizierter geworden, wenn wir nach Brüssel und das heißt, nach Europa, blicken oder wenn wir an die Debatten um den »Standort Deutschland« denken. Aber ansonsten: Alles bestens mit Frieden und Gerechtigkeit in Deutschland. Oder?

Gerade bei diesem Thema kommt es, meine ich, sehr darauf an, wen man fragt. Viele in der Politik tätige Männer und Frauen neigen dazu, die gegebenen Zustände oder ihre eigenen Absichten vorteilhaft und optimistisch dazustellen. Sie wollen ja auch den eigenen Erfolg damit nachweisen und

bei der nächsten Wahl wegen ihres wohlklingenden Programms gewählt werden.
Ganz anders sieht es dagegen bei denen aus, die nicht zu den Reichen im Land gehören und die in den letzten Jahren immer neue Einschränkungen hinnehmen müssen: Zum Beispiel die Streichung von sozialen und tariflichen Leistungen, den Wegfall mancher Feiertage, die Verschiebung des möglichen Renten-Eintrittsalters, die immer höheren Eigenbeiträge im Gesundheitsbereich, die Bedrohung oder den Verlust des eigenen Arbeitsplatzes, die Ausdehnung von Arbeitszeiten. Für eine steigende Zahl von Menschen bei uns ist Armut kein Fremdwort mehr. Für sie geht es nicht nur ums Geld. Denn sozialer Abstieg, Arbeitslosigkeit mit all ihren Folgen treffen Menschen in ihrer Seele, alte wie junge. Immer mehr Männer und Frauen, die solche Erfahrungen machen, trauen den politischen Programmen nicht mehr, trauen der Regierung nicht mehr, glauben nicht an eine bessere Zukunft auch für sich selbst.
Das politische Klima in unserem Land leidet - auch über die unmittelbaren Folgen für die einzelnen Betroffenen hinaus - unter solchen Bedingungen. Denn auch allgemein empfinden immer mehr Menschen politische Versprechungen als kurzlebig, Worte wie Frieden und Gerechtigkeit als hohl - und sehen sich immer wieder bestätigt, wenn ein neuer Skandal von Korruption, Bereicherung im Amt oder unsauberen Geschäften aufgedeckt wird. Politisches Engagement von Bürgerinnen und Bürgern, Mitarbeit etwa in den Gewerkschaften, ehrenamtliche soziale Tätigkeit - alles dies geht in den letzten Jahren zurück. Männer und Frauen, die sich benachteiligt sehen oder andere in ihrer Umgebung - und die gleichzeitig durchaus Reichtum und Überfluß bei anderen beobachten, können zynisch werden. Und wer will es ihnen verdenken? Den 9. Vers aus dem 85. Psalm würden sie wohl eher ironisch aussprechen: »Ach, könnte ich doch hören, daß Gott sagt ...«
Und doch sind es gerade solche Menschen mit bitteren Erfahrungen, manchmal selbst bitter geworden, die uns die Augen neu öffnen können für die ersten Verse des 85. Psalms. Hier hören wir, wie ein Mensch mit Gott hadert, mit Gott handelt und argumentiert: Es geht um den Zorn Gottes, der kein Ende zu nehmen scheint. Da gibt es keine Freude, keinen hoffnungsvollen Blick nach vorn. Da gibt es nur den Blick zurück auf vergangene und nicht vergebene Missetaten. Der Zorn Gottes macht die Betroffenen selbst zornig. War denn nicht einmal alles ganz anders? Haben unsere Vorfahren nicht ganz anders von Gott und vom Leben erzählt?
Im Psalm 85 ist es so, daß schließlich auf das Hadern und Streiten mit Gott, auf das Bitten und Flehen ganz überraschend der zweite Teil folgt, in dem die Vision von Gerechtigkeit und Frieden, von Treue und Gnade entfaltet wird. Wir erfahren wenig von den genaueren Lebensumständen zu der Zeit damals, als Psalm 85 verfaßt wurde. Vielleicht können wir gerade deshalb leichter wahrnehmen, was für uns heute wichtig sein kann:

- Psalm 85 erinnert uns daran: Es sind die Unglücklichen und Benachteiligten, diejenigen, die unter Gewalt und Unfrieden leiden, die besonders viel von Gottes Güte und Gerechtigkeit verstehen. Denn in Gottes Verheißung und in Gottes Wirken geht es um ihr Leben.
- Psalm 85 weckt in uns eine unbequeme Einsicht: Der Weg zur Hoffnung führt in vielen Fällen nur über den »gerechten Zorn«. Ermutigung zur Hoffnung heißt also oft: Ermutigung zum Zorn. Denn wer nicht mehr klagen kann über Leid und Schmerzen, wer wie gelähmt und gefühllos ist, wird auch kaum hoffen können.
- Psalm 85 schärft unser Verständnis für die Zusammengehörigkeit von Frieden und Gerechtigkeit: Frieden wächst, wo alle Menschen zu ihrem Recht kommen, d.h. zu Leben und Gesundheit, Bildung und Arbeit, Achtung ihrer Würde und Freiheit. »Auf dem Weg der Gerechtigkeit ist Leben« - heißt das Motto des Kirchentags 1997 in Leipzig, und diese Gerechtigkeit muß gesucht werden jeden Tag zwischen Ost und West, Nord und Süd, bei uns zuhause und weltweit.
- Psalm 85 kann uns als Christinnen und Christen zur Vorsicht mahnen: Wir sollten uns gut überlegen, wie wir heute von Gerechtigkeit und Frieden glaubwürdig sprechen können. Manchmal werden wir uns kritisch auseinandersetzen müssen mit einem oberflächlichen und vorschnellen Umgang mit diesen Begriffen im politischen Bereich. In anderen Fällen müssen wir vielleicht zurückhaltend und behutsam sein gegenüber denen, die unter Unfrieden und Ungerechtigkeit leiden, damit wir nicht vorschnell von Hoffnung und Verheißung reden, wo dies noch nicht gehört werden kann.

Güte und Treue, Gerechtigkeit und Frieden - wenn sie in unserem Leben aufscheinen, begegnen wir darin Gott. Auch das sagt uns Psalm 85. Frieden und Gerechtigkeit sind eben deshalb für uns keine politischen Parolen und keine moralischen Gebote. So wie in Frieden und Gerechtigkeit, in Treue und Güte Gott selbst zu uns kommt, so sind wir als Menschen, als Geschöpfe Gottes, gemeint: als Personen, die mit allen ihren Eigenheiten gewollt und geachtet sind, als Männer und Frauen, die auch da noch von Frieden sprechen und auf Versöhnung hoffen können, wo scheinbar Gewalt und Krieg, Not und Unrecht das letzte Wort haben. Wenn Ende Juni (1997) die Zweite Europäische Ökumenische Versammlung in Graz die Abgesandten von Kirchen aus ganz Europa unter dem Stichwort »Versöhnung« zusammenführt - dann ist dies nur deshalb möglich, weil jenseits aller Zerrissenheit und Ungleichheit, jenseits aller neu entflammten Kriege und gewaltsam ausgetragenen Konflikte Gottes Hoffnung mit uns und für uns ist.

5. Sonntag nach Trinitatis

Annäherungen an den Predigttext
Lukas 5,1–11

Gerlinde Wnuck-Schad

Fünf Jugendliche (Konfirmandenalter) setzten sich mit dem Text auseinander: zunächst jede und jeder für sich und schließlich gemeinsam im Gespräch. Sie bekamen für die Einzelarbeit den Auftrag, unklare und wichtige Stellen zu markieren nach folgendem Frageraster:
a) Wo brauche ich Information? b) Was ich gut finde ... c) Was will die Geschichte uns sagen?

Das anschließende Gespräch zeigte, wie erfrischend locker und unbefangen die Jugendlichen mit dem Text umgehen. Es läßt erkennen, wie die einzelnen sich mit »ihren« Fragen bzw. Themen immer wieder einzubringen versuchen: Torsten und André bemühen sich um die wörtliche Texterfassung. Tanja will die Situation der Erzählung genau erfassen. (Das lädt fast zum Nachspielen ein). Klaus-Philipp kreist in seinen Gedanken um die Person und den Hoheitsanspruch Jesu. Kathrin interessiert die Beziehung zwischen Simon und Jesus.
Folgendes Gespräch wurde mit dem Tonband aufgezeichnet.

a) Wir sammeln: Wo brauche ich eine Information?
Torsten: Wer ist Zebedäus? (Der Name wirkt belustigend). Ein Prophet?
André: »Von nun an wirst du Menschen fangen«, was heißt das? Der kann doch kein Netz über die Menschen schmeißen ...
Klaus-Philipp: Haben die Fischer an Jesus geglaubt? Eigentlich waren es ja Juden, da können sie doch nicht an ihn geglaubt haben.
(Ein Streitgespräch entwickelt sich).
Tanja: Da hat er aber doch noch gar nicht gesagt gehabt, daß er Gottes Sohn ist ...
Klaus-Philipp: Warum haben sie aber dann an ihn geglaubt und haben die Netze ausgeworfen?
Tanja: Sie haben ihm ja noch gar nicht geglaubt!
Klaus-Philipp: Aber sie haben die Netze ausgeworfen ...
Tanja: Sie haben aber daran gezweifelt und trotzdem ausgeworfen.
Impulsfrage: Klaus-Philipp, wo steht, daß sie daran glaubten?

Klaus-Philipp: »... aber auf dein Wort hin will ich die Netze auswerfen«.
Tanja (lenkt ein): Macht man ja einfach 'mal das, was jemand sagt, obwohl man nicht so ganz davon überzeugt ist. – Er hat ja vorher gepredigt, also mit den Menschen gesprochen vom Boot aus, da haben sie ja auch die ganze Zeit zugehorcht.
Kathrin: Jesus redet oben im Text immer von »Simon« und in V. 8 von »Simon Petrus«. Woher weiß er den Namen? War das später ein Jünger?
Tanja: Komisch ist V. 9. Warum ist das ein Schrecken für sie?
André: Sie waren überrascht, weil dann ein Haufen Fische gekommen ist.
Kathrin: Wahrscheinlich wollten sie sich einen Spaß daraus machen. Etwa so: Wenn du schon Christus bist und so ein bißchen es behauptest, dann wird es ja auch stimmen, was du sagst, dann wirst du deine Beweise kriegen.
Klaus-Philipp: Aber er hat ja gar nicht gesagt, daß er Christus ist.
Kathrin: Jedenfalls in seiner Predigt vielleicht.
Tanja: Es ist doch eigentlich unnormal, daß man vom Boot aus lehrt. Ich denke, daß das noch keiner vor ihm gemacht hat ... die vielen Leute haben ihn natürlich ans Meer gedrängt; da hatte er gar keinen Platz mehr.
Kathrin: Da steht ja: »Da stieg er in eins der Boote, das Simon gehörte«. Also ich glaube, daß er mit Simon etwas Besonderes vorgehabt hat; vielleicht auch deshalb der 2. Name.
Klaus-Philipp (liest V. 8): »... Ich bin ein sündiger Mensch.« Vielleicht, weil er gedacht hat, daß er der Sohn Gottes ist.
Tanja: Vielleicht, weil er am Anfang nicht Jesus geglaubt hatte, daß es so sein wird, daß sie viele Fische fangen, daß er meint, deswegen ein sündiger Mensch zu sein, weil er's dem nicht abgenommen hatte.

b) Was ich gut finde ...
Kathrin (liest V. 5b/V. 8b/V 10b): »Auf dein Wort ... Herr, geh weg von mir ... Fürchte dich nicht ...«
Impulsfrage: Du hast jetzt immer Sätze unterstrichen, in denen wörtliche Rede vorkommt. Was gefällt dir daran besonders?
Kathrin: Es ist eigentlich der Kontakt, den Simon zu Jesus hat. Ich finde auch gut, daß er eben auf Jesus hört und daß der ihn auch bestätigt und daß er dann auch erkennt, daß er einen Fehler gemacht hat ... was für einen Fehler weiß ich zwar noch nicht ganz, aber daß er einen Fehler gemacht hat ... und daß er ihn dann anerkannt hat und mitgegangen ist.
Tanja (gefällt am besten V. 3 und V. 11): V. 3, weil er den gebeten hat und nicht einfach gesagt hat: Jetzt fahr mich mal einfach weiter raus, die Leute drängen mich ja, sondern: Er hat ihn gebeten! V. 11, weil sie dann einfach alles haben liegen lassen: Jetzt hatten sie die vielen Fische gefangen, daß hatten sie noch nie und damit ist ja auch ganz, ganz viel Geld da im Gegensatz zu sonst und daß sie dann einfach alles zurückgelassen haben ... auch die Boote, ihre Familien und ihr eigenes Haus vielleicht ... alles, was ihnen gehört hat.

Kathrin: Ihr früheres Leben haben sie zurückgelassen.
Klaus-Philipp: Ich würde das nicht machen. Da, wo ich wohne, hätte ich doch meine Freunde und alles; da würde ich doch nicht einfach weggehen, nur weil jemand gesagt hat: Du wirst jetzt Menschen fangen. - Was bedeutet das? -
Kathrin: Also ich glaub, daß er halt eine ganz große Überzeugung gekriegt hat. Auch, daß Jesus, der eigentlich Wunder getan hat, sich mit ihm abgibt und ihm eine Aufgabe für die Zukunft gegeben hat ..., daß das ihn überzeugt hat. Also ich würde es wahrscheinlich auch nicht machen. Da braucht man viel Mut zu.
Tanja: Ich finde, daß man wissen müßte, was Jesus vorher alles gemacht hat und ob die das eigentlich alles auch wissen oder ob die nur aus der Situation raus das gemacht haben. Also aus der Situation heraus hätte ich das nicht gemacht. Die Fische hätte ich vielleicht nicht angenommen oder so - aber daß ich dann mein früheres Leben zurückgelassen hätte, das glaub ich nicht.
Impulsfrage: Kathrin hat von der großen Aufgabe des Simon für die Zukunft gesprochen. Wie ist das Bild gemeint: »Von nun an wirst du Menschen fangen«?
Klaus-Philipp: Er soll jetzt ein Jünger werden und sich bekehren zu Jesus. Aber, ob der Petrus das erkennt, was das heißen soll in dem Augenblick?
Tanja: Ich finde, daß das Bild nicht so gut ausgedrückt ist ... Von nun an wirst du Menschen fangen ... Das ist irgendwie so, wie wenn man die ohne ihren Willen eingefangen hätte.
Kathrin: Beim »Fangen« ist immer Zwang dabei. Wenn man jemand fängt, dann will der das vielleicht gar nicht.
Tanja: Vielleicht hätte man das besser ausgedrückt: Von nun an wirst du Menschen als Freunde haben und überzeugen können oder so.
Kathrin: Sie haben den Auftrag, Menschen zu überzeugen.

c) Was will die Geschichte uns sagen?
Tanja und Kathrin hatten aufgeschrieben: Auch wenn einem etwas unmöglich erscheint und es wie ein Wunder wäre, wenn es einträfe ... Wenn man auf Jesus oder Gott vertraut, scheint es nicht unmöglich.
Kathrin kommentiert: Jetzt ist mir aber noch ein bißchen mehr klar geworden.

Zum Gottesdienst

Kurt Dohm

Exegetisch-homiletische Skizze

Der Text birgt keine besonderen exegetischen Schwierigkeiten. Die Erzählung in ihrer Endredaktion ist in sich abgeschlossen und schlüssig. Die Gliederung ist deutlich: Seepredigt V. 1-3, Fischzug V. 4-9, Berufung und Nachfolge V. 10-11. Der erste Teil beschreibt die Situation: Eine große Volksmenge, die Jesus hören will, bedrängt ihn. Am Ufer liegen zwei Boote, während die Fischer dabei sind, offenbar unberührt von den Ereignissen, ihre Netze zu waschen. Wie ganz nebenbei wird Simon nun in die Geschichte hineingezogen, als Jesus ihn bittet, ihn mit dem Boot ein Stück aufs Wasser hinauszufahren. Offenbar kann er von dort aus besser zu der Menge sprechen. Der zweite Teil der Erzählung handelt vom wunderbaren Fischzug. Genauer besehen geht es dabei um die Person des Simon. Er steht ganz im Mittelpunkt des Geschehens. Es ist eine Petrus-Geschichte, wie sie sonst vor allem Matthäus kennt (14,22-33; 16,13-20.21-23). Der dritte Teil weitet die Ereignisse schließlich auf die Gefährten des Petrus, Jakobus und Johannes, aus.
Lukas hat ihm vorliegendes Material aufgenommen und verändert. Die Situation ist hier anders als bei Markus (1,16-20) und Matthäus (4,18-22). Während Jesus dort wie zufällig am Seeufer spazierengeht und die Fischer anspricht, ist hier die Erzählung mit der Seepredigt in eine größere Szene eingebettet. Sie kann von ihrem Aufbau her die Erwähnung von Andreas, dem Bruder Simons, beiseite lassen. Man darf ihn aber wohl zu den genannten Gefährten rechnen. Markus und Matthäus wissen weder etwas von der Seepredigt noch vom Fischzug. Das Motiv vom wunderbaren Fischfang findet sich wieder in den Ostergeschichten des Johannes (Johannes 21,1-14), hat dort aber eine andere Funktion. Bei Lukas wird Simon als erster der Jünger berufen, während nach den anderen Synoptikern Simon und sein Bruder Andreas gemeinsam in die Nachfolge gerufen werden. In der Berufungsgeschichte des Johannes-Evangeliums sind es zwei Jünger des Täufers, die sich an Jesus wenden. Einer von ihnen ist Andreas, der dann Simon hinzuholt. In der Erzählung des Lukas wird der Bericht von der Heilung der Schwiegermutter Simons vorangestellt, so daß zwischen Jesus und Petrus hier schon ein Bekanntschaftsverhältnis besteht, was die Vorgänge plausibler erscheinen läßt. Er kennt ihn tatsächlich schon (vgl. die Bemerkung von Kathrin in den »Annäherungen«). Die Veränderung des Ausdrucks »euch zu Menschenfischern machen« in »du wirst Menschen fangen« erklärt sich aus dem vorher beschriebenen Vorgang des Fischfangs. Inhaltlich ist nichts anderes gemeint.
Der Skopus der Erzählung liegt in Vers 10. Aber der Mittelteil vom wunderbaren Fischfang hat sein eigenes Gewicht. Dabei steht nicht das »Wunder«

im Mittelpunkt. Die Erzählung ist aber auch nicht nur symbolisch oder illustrativ (so Hücking in Predigtstudien I, 2, 1991, Seite 130). Gewiß hat sie auch Gleichnischarakter für jeden, der in irgendeiner Weise »Menschen fangen« will. Vor allem bildet die Erzählung vom Fischfang den Hintergrund der Petrus-Geschichte, welche die differenzierte Beziehung zwischen Jesus und seinem Jünger beschreibt. In Vers 8 wird Simon das erste Mal im Lukas-Evangelium mit seinem Beinamen Petrus genannt. Das geschieht fast beiläufig. Eine ausdrückliche Benennung mit diesem Namen wie in Matthäus 16,18 kennt Lukas nicht.

Nach Beendigung seiner Predigt vom Boot aus fordert Jesus Simon unvermittelt auf, mit seinen Gefährten noch einmal zum Fang auszufahren. Simon hält das für unsinnig. Es widerspricht seiner beruflichen Erfahrung. Trotzdem folgt er Jesus. »Auf dein Wort hin ...« - das heißt: »Ich tue es allein im Vertrauen auf dich; auch wenn es gegen allen Augenschein und gegen alle Erfahrung ist.« Nicht die eigene Meinung oder die eigene Entscheidung zählt für Simon, sondern das Wort Jesu. Der Herr redet, der Schüler folgt. So wie in allen Berufungsgeschichten der Meister die Jünger erwählt und nicht umgekehrt. Das macht nach Hans Küng (Christ sein, München 1976) die Jüngerschaft aus: »Also nicht freier Entschluß des Schülers, sondern souveräne Berufung durch den Meister, bei welchem die Initiative liegt und bleibt. Hier wird nicht in ein Lehrverhältnis aufgenommen, sondern in eine Lebens- und Schicksalsgemeinschaft gerufen« (Seite 333). Ähnlich formuliert ja auch Bonhoeffer (Zitat unter »Kontexte«). Uns modernen Menschen fällt es schwer, ein solches Verhältnis zu akzeptieren. Wir legen Wert auf die eigene Entscheidungskompetenz. Wir glauben, nur der souveräne, frei wählende Mensch, sei wahrer Mensch. Die Wirklichkeit sieht dagegen auch heute freilich immer noch ganz anders aus. Die Abhängigkeiten von anderen Menschen, von Lebensbedingungen, von Ideologien, sie sind nicht weniger geworden.

Das Ergebnis ihres Fanges reißt Simon und seine Gefährten im wahrsten Sinne des Wortes von den Füßen. Aber worüber waren sie so erschrocken? Über die Größe des Fanges? Über die Unwahrscheinlichkeit, zu dieser Tageszeit überhaupt einen Fang zu tun? Wahrscheinlich eher über die Erkenntnis, mit wem sie es hier in Wahrheit zu tun haben. War Jesus für sie vorher nur ein Prediger und Heiler, so erkennen sie in ihm jetzt den, der aus Gottes Vollmacht handelt, der »der Sohn Gottes ist« (Klaus-Philipp in den »Annäherungen). Und dem gegenüber kann eben Simon nur bekennen: »Geh weg von mir! Ich bin ein sündiger Mensch!« Das ist die einzig mögliche Reaktion des Menschen, wenn er der Wundermacht Gottes begegnet. Aus dem Selbstbekenntnis Simons spricht weniger das Eingeständnis einzelner Sünden als vielmehr die religiöse Scheu vor dem Göttlichen. Sie ergreift hier auch die Gefährten Simons. Aber Jesus spricht das lösende Wort: »Fürchte dich nicht!« Es würde sich lohnen, allein über dieses »Fürchte dich nicht!« in der Bibel eine Predigt zu halten. Ich habe siebzig Stellen dazu gefunden.

Hier wird das »Fürchte dich nicht!« verbunden mit der Berufung »Menschenfischer« zu sein. Eine Berufung ist das, keine Einladung, die man befolgen oder ablehnen könnte. Der Jünger hat eben nicht die Wahl. »Von nun an wirst du Menschen fangen.« Natürlich ist das ein Bildwort, das seine Grenzen hat. Die Jünger sollen die Menschen ja nicht in ihre Netze verstricken, Leimruten auslegen oder gewaltsam einfangen. Obwohl das in der Geschichte der Kirche oft genug geschehen ist, mit meist sehr zweifelhaftem Erfolg (vgl. Text von Traven unter den Kontexten). Die Jünger sollen und werden Menschen fangen »für das kommende Reich in Vertretung Jesu selbst. Also aktiv dabei sein: ›um ihn‹ sein, die Botschaft nicht nur empfangen, sondern weitergeben, das kommende Reich und seinen Frieden mitankünden und seine heilenden Kräfte schon jetzt charismatisch wirksam werden lassen« (Küng, Seite 335).
Simon und seine Gefährten müssen nicht mehr überlegen. Sie ordnen eben noch ihre Boote und Gerätschaften, verlassen alles und folgen nach. Wie weitgehend dieses »alles« gemeint ist, bleibt offen. Es werden wohl nicht alle Beziehungen abgebrochen, aber es werden doch Beruf und häusliche Gemeinschaft mit der Familie zumindest vorübergehend aufgegeben. Simon scheint ja eine Frau und dann wahrscheinlich auch Kinder zu haben. Aber darüber wird kein Wort verloren. Dieses »sie verließen alles« ist für die spätere Gemeinde und für viele einzelne sowohl zum leuchtenden Vorbild als auch zum quälenden Zweifel über die eigene Berufung geworden. Nicht jeder ist bereit für eine solche Nachfolge (Lukas 18,18 ff.). Zum Thema »Nachfolge« ist natürlich immer noch Bonhoeffer zu lesen.
Die Gemeinde, die sich am 5. Sonntag nach Trinitatis versammelt, ist wahrscheinlich eine eher kleine Gemeinde. Es ist Ferienzeit. Die Familien sind verreist. Die Predigt braucht auf Kinder und Jugendliche weniger Rücksicht zu nehmen. Der Sonntag selbst hat auch keine besondere Prägung, so daß die Wahl der Schwerpunkte unbeeinflußt bleiben kann von kirchenjahreszeitlichen oder anderen Bedingungen.
Ich sehe vier mögliche Predigtansätze:
1. Zum Skopus des Textes vom »Menschenfangen«. Hier könnte man über Sinn und Ziel von Mission sprechen. Im Mittelpunkt könnte aber auch der ganz gewöhnliche Auftrag an jeden Christen stehen, andere einzuladen, sie mitzubringen, sie zu Freunden Gottes und der Gemeinde zu machen, sie vom Rand der Gemeinde in die Mitte zu holen.
2. Zu Berufung und Nachfolge. Hier würde man mit Beispielen davon reden, wie einzelne Menschen den Weg Jesu gegangen sind. Die eigenen (aber bitte nicht des Predigers!) Zweifel hinsichtlich der Bereitschaft zur Nachfolge könnten angesprochen werden. Ziel wäre das »Fürchte dich nicht!«, also die freundliche Einladung Gottes.
3. Zum Binnenverhältnis von Petrus und Jesus. Hier bietet sich eine eher narrative Predigt aus der Sicht des Petrus über seine Berufung an. Diese

Erzählung müßte transparent sein auf den Hörer hin. Zu bedenken wären freilich die Einwände zur narrativen Predigt, die Heinz-Dieter Knigge in der Zeitschrift für Gottesdienst und Predigt (1996, Heft 2, Seite 24) vorgebracht hat.

4. »Auf dein Wort hin ...« Denkbar wäre eine Predigt, die diese Sequenz bedenkt. Wendungen wie diese bleiben im Gedächtnis der Hörer eher haften als lange Gedankengänge. Dann wäre eine Geschichte des Glaubens und Vertrauens zu erzählen, aber auch der Fragen und Zweifel, von Abraham (Genesis 12) bis zu Petrus und Menschen unserer Tage. Auch das eigene Vertrauen auf das Wort Gottes hin ist einzubeziehen. Schließlich: Wo lasse ich mich senden, wo gehe ich um Christi willen auf andere zu? Dazu auch G: Ruhbach in Göttinger Predigtmeditationen, 33. Jg., Göttingen 1979, Seite 306.

Die vorgeschlagenen Ansätze sind dabei nicht völlig voneinander zu trennen. Ich entscheide mich für die letzte Möglichkeit.

Vorschläge zur Liturgie

Schriftlesung
Als Evangelium: Johannes 1,35–42 oder Johannes 15, (1–8) 9–16
Als Epistel: 1. Timotheus 1,12–17 oder 2. Thessalonicher 2,13–17
Aus dem Alten Testament: Genesis 12,1–4 a

Psalmgebet
Psalm 73,23–26.28 (EG 733)

Voten zum Eingang
Aus Gnade seid ihr selig geworden durch Glauben, und das nicht aus euch: Gottes Gabe ist es (Epheser 2,8).
oder:
Christus spricht: Nicht ihr habt mich erwählt, sondern ich habe euch erwählt und bestimmt, daß ihr hingeht und Frucht bringt und eure Frucht bleibt (Johannes 15,16).

Gnadenwort
Der Herr ist treu; der wird euch stärken und bewahren vor dem Bösen (2. Thessalonicher 3,3).

Lieder
EG 256,1+2+5 Einer ist's an dem wir hangen
EG 260 Gleichwie mich mein Vater gesandt hat
EG 313 Jesus, der zu den Fischern lief
EG 384 Lasset uns mit Jesus ziehen

Gebet zum Eingang
Auf dein Wort hin, Gott, sind wir gekommen,
auf dein Wort hin und sonst nichts.
Nicht Erkenntnis noch Weisheit noch Glaube
haben uns die Schritte tun lassen,
die uns zu dir führten.
Während wir noch suchten,
hast du uns schon gefunden.
Als wir uns noch ferne glaubten,
bist du uns schon nahe gewesen.
Du hast uns zu dir gerufen.
So sprich nun zu uns, Gott,
daß wir Worte des Lebens hören.
Zeige uns Wege, die wir gehen können.
Fülle uns die Hände mit Gutem,
daß wir nicht leer zurückkehren.
Auf dein Wort hin sind wir gekommen,
auf dein Wort hin wollen wir gehen. Amen.

Sündenbekenntnis
Wir bekennen dir, Gott, unsere Schuld:
Unsere Ohren hören nicht, wenn du rufst.
Unsere Augen sehen nicht,
welchen Reichtum du vor uns ausbreitest.
Unsere Füße gehen Wege, die du nicht willst.
Unsere Hände tun nicht das, was sie sollen.
Wir denken Dinge, die nicht gut sind.
Nimm weg von uns, Herr, was uns von dir trennt.
Verlaß uns nicht, wir bitten dich. Amen.

Schlußgebet
Auf dein Wort hin, Herr, wollen wir gehen,
zurück in unsere Häuser,
zurück in Schule und Beruf.
Gib uns den Glauben,
daß wir das Undenkbare wagen.
Gib uns die Freiheit,
daß wir uns nicht binden lassen
von Gewohnheiten und von Zweifeln.
Gib uns die Hoffnung,
daß die Kräfte wachsen werden.
Gib uns die Liebe,
die uns den Menschen neben uns sehen läßt.
Gib uns den Verstand,

daß wir die Dinge der Welt begreifen und durchschauen.
Gib uns die Freude,
daß wir in allem auch das Schöne sehen.
Gib uns dein Wort,
daß du uns nahe bist. Amen.

Vorschlag zur Predigt

Möglicher Anfang
»Auf dein Wort hin will ich die Netze auswerfen«, sagt Simon und macht seinen großen Fang.
»Auf dein Wort hin« - allein auf dieses Wort hin und sonst nichts geschieht es, daß einer noch einmal seine Netze auswirft, nachdem er es schon die ganze Nacht lang vergeblich versucht hat und als nach menschlichem Ermessen und jeglicher Berufserfahrung jedes weitere Bemühen sinnlos sein muß.
Eine erstaunliche Wirkung hat dieses Wort, daß ein so vernünftiger und praktisch denkender Mann wie Simon etwas tut, was er sonst nie tun würde. Kein Versprechen, keine Überredungskunst, keine Drohung, nichts als die knappe Aufforderung: »Fahre hinaus, werft eure Netze aus.« Und doch bringt dieses Wort mehr in Gang als nur einen erneuten Versuch, Fische zu fangen. Ein Wort nur, und ein Menschenleben erfährt seine Kehrtwendung, nimmt einen ganz neuen Verlauf. Aus Simon wird Petrus. Aus dem Fischer wird einer, der Menschen fängt. Aus ein paar Brüdern und Gefährten wird eine große Gemeinde.
»Auf dein Wort hin« - Ist es Vertrauen, das aus diesem Satz spricht? Oder höre ich da auch die zweifelnde Skepsis heraus?: »Na ja, wenn du meinst, weil du es sagst. Vielleicht haben wir ja Erfolg, vielleicht auch nicht.« Wir kennen diesen oft etwas verzweifelten Versuch, eine Sache noch einmal zu wagen, die vorher schon nicht geklappt hat. Schaden kann es ja nicht. So ist das ja meistens bei uns. Ganz glauben wir nicht, aber es könnte ja doch sein. Aus dem Schrecken, der Simon und seine Gefährten angesichts der vollen Netze ergreift, entnehme ich, daß beides mitgeschwungen hat, Vertrauen und Zweifel. Aus diesem beiden, aus dem Vertrauen, dem der Zweifel innewohnt, und aus dem Zweifel, der letztlich doch zu vertrauen wagt, wächst der Glaube, der Petrus und seine Freunde Jesus nachfolgen läßt.
Es ist nicht irgendein Wort, auf das hin dies alles geschieht. Es ist das Wort Jesu. Aus ihm und durch ihn spricht der, von dem alles Neue ausgeht, von dem her alles in Bewegung gesetzt wird, der durch das Wort handelt, der durch das Wort Leben schafft und erhält, dessen Wort Fleisch geworden ist in Jesus. Wenn Petrus sagt: »Herr, geh weg von mir, ich bin ein sündiger Mensch!«, dann schwingt darin genau diese Erkenntnis mit.

Zum weiteren Verlauf

Ich spreche nun von dem Wort, mit dem Gott die Welt ins Leben gerufen hat, mit dem er Licht und Leben, den Menschen und die ganze Schöpfung erschaffen hat. Ich spreche von Noah, der auf ein Wort Gottes hin begann, die Arche zu bauen, unter dem Spott der Leute und entgegen allen Wahrscheinlichkeiten. Ich spreche von Abraham, der auf Gottes Wort hin seine Heimat verließ und in ein neues Land zog. Ich spreche von Mose, der sich trotz aller Selbstzweifel von Gott zum Pharao senden ließ, spreche von Israel, das sich aus Ägypten in eine ungewisse Zukunft rufen ließ. Ich spreche von den Propheten, die selbst zum Sprachrohr dieses Wortes wurden. Ich lasse die Ängste und Zweifel nicht aus. Wie oft mußte Gott sagen: »Fürchte dich nicht!« In allen Dunkelheiten und Nöten aber sehe ich auch die Bewahrung und die Rettung. Dann spreche ich auch von Simon, wie er zum Jünger und Nachfolger Jesu wird, aber auch zum Verleugner. So, gerade so, als schwacher, sündiger, hin- und hergerissener Mensch, wird er zum Petrus, zum Felsen der Kirche. Aber auch von uns will ich reden. »Nichts gefangen!« - das ist unsere ganz gewöhnliche Erfahrung. Viel Mühe und Arbeit, und doch kein Stück weitergekommen. Müde und erschöpft erwarten wir nichts Neues mehr. Wir sind froh, wenn wir heil davonkommen. Einen Aufbruch zu wagen, eine Arche zu zimmern, noch einmal mit dem Boot hinauszufahren - dazu reichen oft Kräfte und Mut nicht. So erleben es einzelne, so erleben wir es als Kirche. Aber uns wird auch gesagt: »Fürchte dich nicht!« Immer dann, wenn Menschen vor einer entscheidenden Wende in ihrem Leben stehen, heißt es in der Bibel: »Fürchte dich nicht!« Ich nenne einige Beispiele (1. Mose 15,1; Jeremia 1,8; Hesekiel 3,9; Lukas 1,30). Es bleibt dann noch davon zu sprechen, wie Menschen, die so gestärkt, ermutigt und im Glauben an Jesus gebunden, dann auf andere zugehen, nicht indem sie Menschen einfangen, aber sie doch einladen, sie mitnehmen, vom Rand zur Mitte führen.

Möglicher Schluß

»Auf dein Wort hin« - sich auf das Wort Jesu einzulassen, das hieße, trotz aller Enttäuschungen es noch einmal zu wagen; trotz aller bisherigen Fruchtlosigkeit es noch einmal zu probieren; trotz aller Müdigkeit sich aufzuraffen, um zu leben, zu lieben, zu hoffen, einen neuen Weg zu gehen.

Gott traut uns zu, daß wir in Bewegung kommen. Gott traut uns zu, daß wir Phantasie und Mut genug aufbringen und den Aufbruch wagen. Er traut uns auch zu, daß andere Menschen sich von uns ansprechen lassen, daß wir einladend wirken. Die Netze werden nicht immer zum Reißen voll sein. Aber wenn Gott uns traut, können wir ihm auch vertrauen. Was sollten wir sonst auch tun?

Kontexte

»Der Ruf in die Nachfolge ist also Bindung an die Person Jesu Christi allein, Durchbrechung aller Gesetzlichkeiten durch die Gnade dessen, der ruft. Er ist gnädiger Ruf, gnädiges Gebot. Er ist jenseits der Feindschaft von Gesetz und Evangelium. Christus ruft, der Jünger folgt. Das ist Gnade und Gebot in einem. ›Ich wandle fröhlich, denn ich suche deine Befehle‹ (Psalm 119,45).
Nachfolge ist Bindung an Christus; weil Christus ist, darum muß Nachfolge sein. Eine Idee von Christus, ein Lehrsystem, eine allgemeine religiöse Erkenntnis von der Gnade oder Sündenvergebung macht Nachfolge nicht notwendig, ja schließt sie in Wahrheit aus, ist der Nachfolge feindlich. Zu einer Idee tritt man in ein Verhältnis der Erkenntnis, der Begeisterung, vielleicht auch der Verwirklichung, aber niemals der persönlichen gehorsamen Nachfolge. Ein Christentum ohne den lebendigen Jesus Christus bleibt notwendig ein Christentum ohne Nachfolge, und ein Christentum ohne Nachfolge ist immer ein Christentum ohne Jesus Christus; es ist Idee, Mythos.«
(Dietrich Bonhoeffer, Nachfolge, © Chr. Kaiser/Gütersloher Verlagshaus, Gütersloh)

»Es gibt Menschen, oft religiös erzogen, die jahrelang von Gott praktisch nichts halten, aber dann, oft auf recht merkwürdigen Wegen, zur Erfahrung kommen, daß Gott nicht erst für ihr Sterben, sondern schon für ihr Leben viel, ja Entscheidendes bedeuten könnte. Und es gibt Menschen, die, von den Dogmatismen und ›Märchen‹ des kirchlichen Unterrichts abgestoßen oder kaltgelassen, jahrelang erst recht nichts vom mythologisch eingerahmten Jesus halten, die aber dann, wiederum auf oft merkwürdigen Wegen, zur Erfahrung kommen, daß Jesus für ihr Menschen-, Welt- und Gottesverständnis, für ihr Sein, Handeln und Leiden viel, ja Entscheidendes bedeuten könnte.«
(Hans Küng, Christ sein, © R. Piper GmbH & Co. KG, München 1974)

»Als die Spanier nach Mexiko kamen, wurden die Indianer zehntausendweise jeden Tag getauft. Alle, die auf dem Platz erschienen waren, wurden in Bausch und Bogen getauft, dann wurden sie gezählt, und nun waren sie Christen. Das wurde getan, damit die Bischöfe großartige Berichte an den Kaiser und an den Papst abschicken konnten. Heute ist man bescheidener geworden. Man begnügt sich mit ›wieder eine Seele, die, halleluja, gerettet‹ wurde. In diesem Zustand der Bekehrung, in dem sich die Indianer an dem Tage ihrer Bausch- und Bogen-Taufe zu Anfang des sechzehnten Jahrhunderts befanden, in demselbem Zustand befinden sie sich noch heute. Sie, die Indianer, und beinahe die ganze untere Volksschicht in Mexiko.«
(B. Traven, Land des Frühlings, Werkausgabe B. Traven, hrsg. von Edgar Päßler, © Büchergilde Gutenberg, Frankfurt am Main und Wien 1982)

6. Sonntag nach Trinitatis

Annäherungen an den Predigttext Matthäus 28,16–20

Mechthild Werner

Vier Frauen, zwischen 45 und 55 Jahren, vielbeschäftigt mit Haushalt und Familie, teils berufstätig, alle ehrenamtlich in einer traditionell dörflichen Kirchengemeinde engagiert, nähern sich ehrfürchtig zögerlich dem erhaben dick gedruckten Taufbefehl.
»Das ist ungewohnt, über einen Bibeltext zu reden. Sonst wird er ja in der Predigt für uns ausgelegt. Schon im Konfirmandenunterricht wurden wir nie gefragt.«

Aber die elf Jünger gingen nach Galiläa auf den Berg, wohin Jesus sie beschieden hatte. Und als sie ihn sahen, fielen sie vor ihm nieder; einige aber zweifelten.
»Wieso eigentlich nur elf Jünger?«
»Nur einige gehen in die Knie und beten. Die anderen können es wahrscheinlich nicht glauben, daß Ostern war. Ist ja auch schwer …«
»Aber Beten und einfach glauben ist manchmal leichter als zweifeln. Zweifel muß man aushalten können.«
»Aber der Zweifel ist doch immer da. So wie bei denen damals. … Ich zweifle oft … an anderen, an meinem Glauben, auch an mir.«

Und Jesus trat herzu und sprach zu ihnen: Mir ist gegeben alle Gewalt im Himmel und auf Erden.
»Das ist die Macht Gottes. Seine Allmacht. Gibts die denn?«
»Wir beten so, zum allmächtigen Gott. Aber ob Jesus allmächtig war?«

Darum gehet hin und machet zu Jüngern alle Völker. Taufet sie auf den Namen des Vaters und des Sohnes und des Heiligen Geistes …
»Früher wurden die Kinder viel schneller getauft, waren noch kleiner. Heute lassen sich die Eltern Zeit.«
»Ja, früher ist man mit dem ungetauften Kind nicht raus gegangen. Ich weiß ja nicht, ob das Aberglaube ist … Da ist noch viel Aberglaube bei der Taufe dabei.«
»Früher war die Taufe selbstverständlicher. Heute wird so viel gezweifelt, zuviel nachgefragt vielleicht.«

»Die meisten lassen doch einfach aus Tradition ihr Kind taufen. Gerade die Jungen, die ja sonst nie in der Kirche sind. ... Vielleicht noch, weil sie ihr Baby unter Gottes Schutz sehen wollen. Oder sie werden erst als Kleinkind getauft.«
»Ich finde das gut, daß es heute freier ist, daß viele Eltern ihre Kinder selbst entscheiden lassen wollen, gerade bei den gemischten Ehen.«
»Aber wann können die Kinder selbst entscheiden? Dürfen sie überhaupt ungetauft in den Konfirmandenunterricht?«
»Da werden doch bei der Konfirmation manche erst getauft.«

... und lehret sie halten alles, was ich euch befohlen habe.
»Das müssen die Eltern machen, zuerst, das Beibringen, das Lehren.«
»Das sagen die ja auch in der Taufe. Sagen JA, aber machen's dann doch nicht ... Erziehen im christlichen Glauben versprechen sie.«
»Das ist dann wie ein Meineid, oder?«
»Und die Paten wohnen oft zu weit weg. Haben auch keinen Einfluß.«
»Gibts eigentlich noch die Rangfolge, den ersten, zweiten und dritten Paten? Und muß nicht noch einer wenigstens evangelisch sein, bei der evangelischen Taufe?«
»Es gibt doch keine evangelische oder katholische Taufe, das ist gleich, im christlichen Glauben.«
»Aber wer lehrt die Kinder den christlichen Glauben? Das ist schwer, den Kindern überhaupt noch etwas beizubringen. Da sind so viele andere Einflüsse ...«
»Manche Eltern haben auch gar kein Interesse, sich mit den Kindern zu unterhalten, wissen auch nicht, was die gerade lernen in der Schule. Und in Religion oder im Konfirmandenunterricht sowieso nicht. Ich habe immer nachgefragt.«
»Ich hatte dazu einfach keine Zeit. Wie soll ich auch Glauben beibringen?«
»Mit den Kindern beten, das ist das einzige, was man kann. Das habe ich immer gemacht, abends oder am Tisch, oder für jemanden wenn er krank war. Später, als sie älter waren, hat sich das verloren. Aber ich glaube, da bleibt doch was hängen. Ich hab's zumindest vorgelebt. Wenn ich auch keine Bibel mit ihnen gelesen habe.«
»Was ist denn auch die Lehre von Jesus, die wir weitergeben sollen? Die Zehn Gebote, den Feiertag heiligen?«
»Ich glaube, das vornehmste Gebot, das größte von der Liebe.«
»Ich finde die Gleichnisse schön. Als Lehre. Der barmherzige Samariter, der verlorene Sohn.«

Und siehe, ich bin bei euch alle Tage bis an der Welt Ende.
»Nicht nur bis zum Lebensende? Bis alles vorbei ist auf der Welt!?«
»Daß Jesus da ist, das kann man nicht beschreiben ... das ist mit dem Kopf nicht zu verstehen.«

»Nur als Erfahrung. Daß er geholfen hat. Daß es weitergeht im Leben. Es gab da schwere Dinge ... in meiner eigenen Familie, mit Krankheiten. Gott legt einem schon vieles auf. Aber er nimmt einem auch wieder was ab. Das ist die Erfahrung, daß es wieder gut werden kann, daß es weitergeht.«
»Vielleicht ist das das Wichtigste am Glauben, daß Jesus da ist. Aber mit dem Kopf ist das nicht zu begreifen.«

Zum Gottesdienst

Ernst Arfken

Exegetisch-homiletische Skizze

Der verhältnismäßig bekannte und eingängige Text gibt den Exegeten dennoch viele Rätsel auf. Schon die Ortsangabe »Galiläa« ist mit Fragezeichen behaftet. Die meisten österlichen Berichte erzählen, daß Jesus in Jerusalem den Seinen als der Auferstandene erschienen ist. Ernst Lohmeyer hat der Frage ein ganzes Buch gewidmet (Galiläa und Jerusalem, 1936). Hier ist nicht der Raum, das Problem ausführlich zu erörtern. Ganz abgesehen davon, daß Erscheinungen des Auferstandenen nicht an einen einzigen Ort gebunden sein müssen, braucht eine Predigt am 6. Sonntag n. Trin. sich nicht mit Themen zu befassen, die die Osterzeit betreffen. Ich schlage vor, sie auszuklammern.
Der Gang auf den Berg deutet auf den Beginn einer Himmelfahrtsgeschichte hin, die aber bei Matthäus nicht zuende geführt wird. Bei Johannes fehlt sie ganz. Bei Markus geschieht die Himmelfahrt – will man seinen Bericht als eine geschlossene fortlaufende Erzählung verstehen – in einem Haus, in dem die Jünger versammelt sind. Nur Lukas bietet zwei näher ausgestaltete Auffahrtsberichte. Wiederum gilt: Fragen, die die Himmelfahrt Jesu betreffen, können in einer Predigt am 6. Sonntag n. Trin. ausgespart bleiben.
Ein weiteres exegetisches Problem ist die trinitarische Formel: »Im Namen des Vaters und des Sohnes und des Heiligen Geistes.« Eine so knappe eindeutige Benennung der göttlichen Dreieinigkeit findet sich sonst im Neuen Testament nicht, schon gar nicht in den uns überlieferten Jesusworten. Die einfachste Erklärung für die vorliegende Textgestalt ist die, daß in den ursprünglich kürzeren Wortlaut des Taufbefehls eine in der 2. Hälfte des 1. Jahrhunderts schon übliche Formel aus der Taufliturgie eingefügt wurde. Die Frage, welche Jesusworte »echt« und welche »unecht« sind, die Frage nach der »ipsissima vox Christi« (Joachim Jeremias), ist oft übertrieben worden. Auch vermutlich »unechte« Jesusworte können sich als wirksa-

mes Gotteswort erweisen. Dennoch ist nicht anzunehmen, daß alle Predigthörer daran völlig uninteressiert sind, ob Jesus diesen Vers so gesprochen hat oder nicht. Deshalb sollte der Prediger, die Predigerin, wenn auch nur kurz, darauf eingehen.

Schließlich läßt sich ein viertes Problem nicht umgehen. Es betrifft die Auslegung der Worte »im Namen«, genauer gesagt, die rechte Deutung des Wörtchens »in« an dieser Stelle. Die deutsche wie auch die griechische und lateinische Sprache unterscheidet zwischen einem »in« mit dem Dativ (im Lateinischen mit dem Ablativ), das einen Zustand, eine Ortsangabe beschreibt, und einem »in« mit dem Akkusativ, das eine Bewegung auf etwas hin, eine Zielangabe ausdrückt. Auffallend ist nun, daß die Lutherübersetzung zwar das »in« mit dem Dativ verwendet, im griechischen Urtext aber das »in« mit dem Akkusativ steht. Ein sorgfältiger Übersetzer wie Julius Schniewind hat in dem bekannten Kommentarwerk »Das Neue Testament Deutsch« (Band I, 1, Seite 211) »auf den Namen hin« geschrieben. Dementsprechend heißt es in dem jüngsten revidierten Luthertext: »tauft sie auf den Namen ...« Mir erscheint diese Version sehr zweifelhaft. Denn was heißt »auf den Namen hin« oder »auf den Namen getauft«? Ein Kind wird auf seinen Rufnamen getauft. Sollte es Gott, Jesus und den Heiligen Geist als weitere Namen ähnlich den Patennamen erhalten? Man muß schon erhebliche Erklärungskunststücke vollbringen, um dieses »Taufen in Richtung auf« plausibel zu machen. Dieselbe Wendung begegnet ja auch in der Beichtliturgie. Aber keinem Beichtvater würde es einfallen zu sagen: »Dir sind deine Sünden vergeben auf den Namen Gottes ... hin.« Gemeint ist doch: »Im Auftrag und in der von Gott erteilten Vollmacht«. So wie Gott Menschen beauftragt, Gottes Wort zu reden, so beauftragt er auch Diener, mit Gottes Taufe zu taufen. Darum ist die Taufe eine »heilige Taufe«. Predigt, Taufe und Sündenvergebung sind so nicht mehr Menschenwerk, sondern geheiligtes wirksames Gotteswerk.

Wie aber kam es dann zu dem »in« mit dem eine Richtung und Bewegung bezeichnenden Akkusativ in Vers 19? Die Erklärung ist einfach: Das Hebräische und das Aramäische, die Muttersprache Jesu, kennen den Unterschied von zwei Wörtern »in« nicht, sondern haben dafür nur ein Wort. Den Verfassern, die Aramäisch als Muttersprache hatten, fiel es nicht leicht, die zweierlei Bedeutungen von »in« zu unterscheiden (ähnlich wie in der plattdeutschen Sprache aufgewachsene Kinder »mir« und »mich« - im Plattdeutschen dasselbe Wort - leicht verwechseln. An nicht wenigen Stellen des neutestamentlichen Urtextes steht »in« mit dem Akkusativ, wo eigentlich »in« mit dem Dativ gemeint ist. Das gilt besonders für die johanneischen Schriften, die von allen neutestamentlichen Büchern dem Aramäischen am nächsten stehen, so daß man sogar einen aramäischen Urtext des Johannes-Evangeliums vermutet hat.

Das »in-Problem« wurde hier ausführlich erörtert, weil es für die Auslegung von entscheidender Bedeutung ist und weil derjenige, der über die

Taufe predigt, seinen Hörern eine Erläuterung schuldet, was es heißt, im Namen des Dreieinigen Gottes getauft zu sein. Hingegen muß ein weiteres Eingehen auf das Lied »Ich bin getauft auf deinen Namen« und auf Gal 3,27 (»auf Christus getauft«) der gebotenen Kürze wegen hier unterbleiben.
Bei allen exegetischen Vorbehalten, die sich angesichts der heutigen Gestalt des Textes ergeben mögen, sollte man sich nicht darin beirren lassen, daß hier über Sätze von besonderem Gewicht und großer Bedeutung zu predigen ist. Im Matthäus-Evangelium sind sie die »Abschiedsrede«, gewissermaßen das Testament, das Jesus seinen Jüngern hinterläßt, eine »Eiserne Ration« christlichen Glaubens.
Dem entspricht auch seine Stellung als Predigttext im Kirchenjahr. In der sogenannten »festlosen Hälfte«, in der etwas einförmig anmutenden langen Reihe der Sonntage nach dem Dreieinigkeitsfest ist neben dem 10. und den drei letzten kaum ein Sonntag so markant herausgehoben wie dieser, der dem wichtigen Thema »Taufe« gewidmet ist. Die Predigt tut gut daran, wenn sie diese Akzentuierung, die sich aus den Lesungen, dem Wochenlied und Wochenspruch ergibt, deutlich herausstellt. Auch sollte man die Möglichkeit, wo sie sich ergibt, nutzen, diesen Gottesdienst mit einer Tauffeier zu verbinden. Sie trägt wesentlich zur Veranschaulichung der Predigt bei.
Der hier gebotene Predigtvorschlag stellt die Taufe in den Mittelpunkt und benutzt den Bibeltext als Fundgrube für Belege, die besagen, was die Taufe für uns bedeutet: Hilfe zu haben in Zeiten des Zweifels (V. 17), angesichts der Mächte dieser Welt nicht verzweifeln müssen (V. 18), in die Gemeinschaft der Jünger Jesu aufgenommen zu sein (V. 19) und von Jesus durch das Leben begleitet zu werden (V. 20).

Vorschläge zur Liturgie

Eingangslied
Gott ist gegenwärtig, EG 165 (128) oder
Bis hierher hat mich Gott gebracht, EG 329 (236)

Epistel
Römer 6,3–8 oder 1. Petrus 2,2–10 oder Apg 8,26–39

Wochenlied
Ich bin getauft auf deinen Namen, EG 200 (152)

Evangelium
Matthäus 28,16–20
Alttestamentliche Lesung
5. Mose 7,6–9 (11–12); Jes 43,1–7

Lied nach der Predigt
Sein Wort, sein Tauf, sein Nachtmahl, EG 20,5-8 (227)

Lied zum Dankopfer
Bei dir, Jesu, will ich bleiben, EG 406 (279)

Vorschlag für ein Kollektengebet
Lieber Herr Jesus Christ, durch die heilige Taufe hast du uns als deine Christen angenommen. Hilf uns, daß wir dich von ganzem Herzen lieben und uns gern zu dir bekennen. Darum bitten wir dich, weil dir alle Macht gegeben ist im Himmel und auf Erden und weil du mit dem Vater und dem Heiligen Geist lebst und herrschst in Ewigkeit.

Vorschläge zur Predigt

Möglicher Anfang
»Herzlichen Glückwunsch zum Geburtstagsfest!« - diese Gratulation ist kein Versprecher oder Scherz, sondern ernst gemeint. Sie richtet sich heute auch nicht an ein einzelnes Geburtstagskind, sondern an uns alle. Mit einer Geburtstagsfeier erinnern wir an den Beginn unseres Lebens. Es ist ein schöner Tag, den wir in der Regel nicht allein begehen, sondern im Kreise von Verwandten und guten Freunden. Durch Geschenke und eine festliche Gestaltung hebt sich dieser Tag deutlich von gewöhnlichen Werktagen ab. Wir beginnen ein neues Lebensjahr oder Lebensjahrzehnt.
Die Bibel sagt uns, daß wir als Christen nicht nur ein Leben haben, sondern zwei. Man könnte vermuten, gemeint sei das irdische und das ewige, das himmlische Leben. Doch nein, schon hier auf der Erde haben Christen zwei Leben. Das eine ist das natürliche Leben. Es beginnt mit der Geburt und endet mit dem Tod. Ein solches Leben haben die Tiere auch. Aber Hand auf's Herz - sind wir damit schon zufrieden? Erwarten wir vom Leben nicht sehr viel mehr als nur Essen und Trinken, sich regen und ausruhen, sich fortpflanzen, alt werden und sterben? Da ist es gut, daß wir aus der Bibel erfahren: Ihr Christen habt noch ein anderes, ein geistliches Leben, ein Leben in der Gemeinschaft mit Gott.
Dieses Leben beginnt nicht mit unserer Geburt, sondern mit dem Tag, an dem wir in die Gemeinschaft mit Gott aufgenommen wurden. Das ist der Tag unserer Taufe. Im Altertum haben die Christen diesen Tag als ihren eigentlichen Geburtstag gefeiert. Er war ihnen viel wichtiger als ihre natürliche Geburt. Das ist heute nicht mehr so. Damit aber dieser, unser anderer Geburtstag nicht ganz abgeschafft ist, gibt es einen Tag im Jahr, an dem er dennoch gefeiert wird. Das ist dieser Sonntag, der sechste nach dem Dreieinigkeitsfest (bzw. der siebte Sonntag nach Pfingsten). An den Liedern und Lesungen werden wir es schon bemerkt haben: Es geht heute um

unsere Taufe. Und das ist gut so. Denn in unserer Zeit steht die Taufe nicht mehr sehr hoch im Kurs. Der bekannte Journalist Rudolf Augstein schrieb einmal, daß die »Kinder zur Taufe geführt würden wie zur Schluckimpfung«. Glücklicherweise stimmt das nicht ganz, denn in der Regel geht der Taufe ein Gespräch mit den Eltern und Paten voraus.
(Weitere Aussagen zum heutigen »Stellenwert« der Taufe finden sich in den »Annäherungen an den Predigttext«)

Lassen Sie uns die Gelegenheit nutzen und weiter über den Wert unserer Taufe nachdenken. Das Evangelium dieses Sonntags kann uns dabei sehr hilfreich sein.
(Hier kann, falls noch nicht geschehen, der Predigttext gelesen werden. Erfolgte dieses bereits als Evangelienlesung, könnte hier eine andere Übersetzung verwendet werden. Das bloße Wiederholen desselben Wortlauts wirkt schulmeisterlich. Hingegen ist gegen das homilieartige Zitieren einzelner Verse bei den jeweiligen Predigtteilen nichts einzuwenden.)

Zum weiteren Verlauf
Folgt man der am Schluß der exegetisch-homiletischen Skizze vorgeschlagenen Architektur, wäre nun vom Zweifeln zu sprechen. Damit stellt sich der Predigt eine wichtige und schöne Aufgabe. Hinsichtlich des Zweifelns sind die Menschen sehr verschieden. Während vielen das Zweifeln große Not bereitet, stehen andere mit ihrem Glauben »wie ein Fels in der Brandung«. Die Ursache liegt vor allem in der unterschiedlichen psychischen Veranlagung. Hier muß die Predigerin, der Prediger behutsam vorgehen. Man muß den Zweiflern sagen, daß sie keine schlechteren Christen sind. Auch das Zweifeln ist ein Stück »Glaubensarbeit«. Man muß den Glaubensstarken sagen, daß sie sich nicht »als die Fortgeschrittenen« über die Zweifelnden erheben sollten. Tröstlich ist, daß auch Jesusjünger zweifelten (Vers 17) und daß Jesus den ungläubigen Thomas nicht vor die Tür schickte, sondern ernst nahm. Man kann auch erwähnen, daß ein Glaubensheld wie Martin Luther schwer von Zweifeln geplagt wurde und in solchen Anfechtungen mit Kreide auf den Tisch schrieb: »Baptizatus sum«, d. h. ich bin getauft. (Hier sei auch hingewiesen auf den 2. Abschnitt der »Annäherungen ...«)
Zu Vers 18: Viele Menschen befällt heute das lähmende Gefühl der Ohnmacht angesichts der Mächte, die die Welt regieren – das Geld, »die da oben«, die Massenvernichtungswaffen. »Man kann ja doch nichts machen!« Dem ist entgegen zu halten, daß irdische Mächte nur verhältnismäßig kurze Zeit regieren und daß man mit Gewalt nicht alles erreichen kann. Christus regiert gewaltlos schon seit Jahrtausenden. Kommunismus, Kapitalismus, »alles Ding hat seine Zeit«.
Zu Vers 19: Wir Menschen sind auf Gemeinschaft hin angelegt. Es gibt unendlich viele Gemeinschaften, Verbände, Vereine. In der Gemeinschaft mit Gott erreichen wir die höchste Stufe, die uns möglich ist. Dort sind wir gut aufgehoben. »Könnt ich's irgend besser haben ...« (Lied EG 406,2; 279)

Zu Vers 20: Dieses Wort hat schon Millionen von Menschen ermutigt und getröstet. Aber es fällt uns nicht in den Schoß. Es fordert unser ganzes Vertrauen heraus. Je mehr wir ihm vertrauen, desto mehr wird es uns tragen und helfen.

Möglicher Schluß
Unsere Taufe bringt uns kein Geld, keinen Wohlstand, keinen Versicherungsschutz. Aber sie läßt uns im Zweifel nicht verzweifeln, im Gefühl der Ohnmacht nicht ohnmächtig bleiben. Sie läßt uns in der Einsamkeit nicht allein sein und in einer ungewissen Zukunft nicht den Mut verlieren. Das ist sehr viel. Grund genug, Gott zu danken, daß wir zu den getauften Christen gehören dürfen. Grund genug, diesen Sonntag zu feiern und zu sagen: »Herzlichen Glückwunsch zu diesem, unserem anderen Geburtstagsfest!«

Kontext

Eine recht drastische Erklärung der Taufe hat Martin Luther im 4. Hauptstück seines Kleinen Katechismus gegeben: »Was bedeutet denn solch Wassertaufen? Es bedeutet, daß der alte Adam in uns durch tägliche Reue und Buße soll ersäuft werden und sterben mit allen Sünden und bösen Lüsten; und wiederum täglich herauskommen und auferstehen ein neuer Mensch, der in Gerechtigkeit und Reinheit vor Gott ewiglich lebe.«
Eine Glosse dazu hat sich durch mündliche Überlieferung weit verbreitet: Frage: »Warum muß der alte Adam täglich neu ersäuft werden?« Antwort: »Das Biest kann schwimmen!«

7. Sonntag nach Trinitatis

Annäherungen an den Predigttext Johannes 6,1-15

Klaus Zillessen

In einer Gruppe von Kirchenältesten (Frauen und Männer) - nicht aus meiner eigenen Gemeinde - lesen wir den Text. Ich erinnere daran, daß das Johannesevangelium diesem Bericht ein ausführliches »Brotgespräch« folgen läßt, das in dem Christuswort gipfelt: *»Ich bin das Brot des Lebens.«* Das Brotwunder ist für das Johannesevangelium die Einsetzung des Abendmahls. (Einen Abendmahlsbericht am Vorabend des Todes Jesu kennt das Johannesevangelium nicht!)
Ich bitte die Gesprächsrunde, frei zu assoziieren, was ihnen zum Stichwort »Brot« einfällt. Ich versuche, das (etwas geordnet) wiederzugeben:

1. Assoziative Spielereien:
Wie klingt das: »Reis des Lebens«, »Zuckerbrot des Lebens«, »die Frau meines Lebens«, »die Zigarette meines Lebens«, »Musik ist mein Leben«, »Arbeit war mein Leben«. - Brot und Salz, Brot und Wein, »bei Wasser und Brot« (!?), »Brot für die Welt«, »Brotzeit« (bayrische Bezeichnung für eine Zwischenmahlzeit - der Gottesdienst als Brotzeit? ...). »Der Mensch lebt nicht vom Brot allein (Matth 4,4) - volkstümliche Fortsetzung: »... es darf auch Wurst und Schinken sein«.

2. Brot ist etwas Elementares:
Brot - davon kann man leben, Brot genügt (fast?) zum Leben. Brotbacken ... der Duft steigt in die Nase - wieviel Zeit und Handgriffe sind nötig, bis aus der Saat ein Brot wird!

3. Brot ist wertvoll
»Mein Vater ging im Sommer mit uns immer an den Getreidefeldern entlang. Wir holten Körner aus den Ähren. Kein einziges durfte zu Boden fallen. Er sagte: So wertvoll ist das. Deswegen beten wir im Vaterunser: »Unser tägliches Brot gib uns heute«. - Erinnerungen an Nachkriegsjahre: rationiertes Brot, Brotmarken, Brothamstern auf den Dörfern. Einem fällt die Kurzerzählung von Wolfgang Borchert ein »Das Brot« (Vertrauensbruch und Verzeihen durch ein Stück Brot, Brot als Bewährungs-

probe) - Wie kann man vom Brot des Lebens predigen, wenn keiner mehr Hunger hat? Brot ist zum Billigartikel verkommen, manchmal sogar zum Wegwerfartikel auf Schulhöfen und in Kantinentoiletten. (Analogie zum Lebensende Jesu? - Jesus als weggeworfenes, verachtetes Brot des Lebens.)

4. Brot wird zum Zeichen
Brot und Wein - Brot und Salz - Das Kreuzeszeichen, das die Bäuerin vor dem Backen in das geformte Brot ritzt, Festtagsbrote: zum Erntedankfest, zu Weihnachten (der Christstollen als das in Windeln gewickelte Christuskind, der Zimtstern als Erinnerung an den Stern, der die Weisen aus dem Orient zur Krippe leitete), in der Passionszeit (der Salzbrezel als die Stricke, mit denen Jesus gebunden wurde), in der Osterzeit (das gebackene Osterlamm - 1. Kor 15).

5. Tischgebete
Herr, wir kommen zu dem Essen,
laß uns deiner nicht vergessen,
denn du bist das *Lebensbrot.*
Speis die Leiber, stärk die Seelen,
die wir dir jetzt anbefehlen,
steh uns bei in aller Not.
Hilf uns, daß wir nach der Erden
deine Gäst im Himmel werden.

Wir danken dir, Herr Jesu Christ,
daß du unser Gast gewesen bist.
Bleib du bei uns,
so hat's nicht Not,
Du bist das wahre *Lebensbrot.*

6. Biblisches
Brotgeschichten aus der Bibel von Elia und Emmaus. Im Vergleich zwischen der Matthäus- und der Johannesfassung des Speisewunders stellt die Gesprächsrunde erstaunt fest, daß in der Matthäusfassung die *Jünger* das Brot austeilen. Bei Johannes teilt Jesus selbst das Brot aus: Die Jünger sammeln nur den Überfluß - für künftige Generationen, für uns. Genug, daß auch wir davon leben können!

Zum Gottesdienst

Helmut Zeilinger

Exegetisch-homiletische Skizze

Es ist mir nicht in Erinnerung, über diese Perikope schon gepredigt zu haben. Eher über das »Gebt *Ihr* ihnen zu essen!« in den synoptischen Varianten der »Speisung der 5000« (Matthäus 14; Markus 6; Lukas 9).
Der Vergleich der Details zeigt eine Reihe von Parallelen. Vorhandene Lebensmittel: 5 Brote, 2 Fische. Zahl der beteiligten Männer: 5000. Resultat: »alle wurden satt«. Gesammelte Reste: 12 Körbe. 200 Silbergroschen Bargeld zum möglichen Kauf der Lebensmittel erwähnt auch Markus. Und das Gras, in dem die Leute sich lagern, ist außer Lukas allen wichtig. Während Markus das »Grün« hervorhebt, sitzen die Massen nach Lukas in der »Wüste«.
Zu den von den Synoptikern abweichenden Akzenten gehört der Hinweis des Johannes, daß allein Jesus die vorhandenen Brote und Fische austeilt. Und daß es »ein Kind« ist, bei dem Andreas die Lebensmittel entdeckt, die gemehrt werden können.
Abgesehen von weiteren Besonderheiten (der Dialog zwischen Jesus und Philippus und Andreas; der Hinweis, daß alle »soviel sie wollten« zu essen hatten), setzt Johannes bewußte Akzente: das mit den »Zeichen« (V. 2 an den Kranken; V. 14 das dieser Speisung), das Gespür Jesu für die Gefahr, in dieser Rolle zum »König« ausgerufen zu werden (V. 15) und die zeitliche Einordnung »kurz vor dem Passa« (V. 4). Sonderlich ist vor allem die kontextuelle Einbindung der Perikope.
Anders als die Synoptiker, die zuvor vom Ende des Täufers berichten, stellt Johannes die Speisungsgeschichte in einen Zusammenhang der Auseinandersetzung mit Menschen, die von Jesus nichts halten, ihn gar angreifen. Zwar erwähnt auch das Johannesevangelium den Täufer (5,33 ff.), aber um Jesus vergleichsweise höher zu qualifizieren (5,36) und auf die gleiche Stufe wie Mose zu stellen, wenn nicht gar höher (»er schrieb von mir« 5,46). An Moses' und Jesu Wort, dem die Kontrahenten Jesu nicht glauben (5,47), obwohl es todüberwindend ist (5,24 f.), knüpft Johannes die Speisungsgeschichte an (und die nachfolgende Erwähnung, was – ohne die Stimme Jesu – alles »auf- und abwogt« 6,16 ff.), um alle diese Akzente in der Rede Jesu zu vertiefen, daß er selbst das lebenserhaltende und -rettende »Brot (Wort) des Lebens« sei (6,35), eine »nicht vergängliche Speise« (6,27). Die Zeichnung der sich gegenüberstehenden vergleichbaren Autoritäten Mose und Jesus bekommt weitere Farben im korrespondierenden »Manna« (6,31) und »Himmelsbrot« (= Jesus 6,41). So höre ich auf der ganzen Breite Johannes immer neu betonen: Hunger nach Leben? Das Wort Jesu macht satt! Unter solchem Vorzeichen gewinnen auch die anderen Besonderheiten der Perikope einen tieferen Klang:

Sollte die Erwähnung »kurz vor dem Passa« (6,4) nur eine zufällige Zeitangabe sein? Sollte sie gar anzüglich markieren, wie die materielle Versorgung der vielen (Brot backen, Brot kaufen) zu Beginn dieses Festes Jesus erneut in Konflikt bringen könnte mit den kultischen Geboten (vgl. 5,16)? Oder bringt's im Vorgeschmack der Mazzen nicht gerade wieder auf dieselbe Gedankenlinie: Brot dieser und Brot jener Art - das Brot, das in Vorzeiten Wegzehrung in die Befreiung war, und das Brot und Wort, das jetzt von umfassenderem Tod befreit (5,24)?
Ich sehe in den Andeutungen »Passa«, »Brot« = »Leib und Blut« (6,51 ff.), »König« (vgl. 6,15 mit 18,37; 19,2 ff. 19) Möglichkeiten sakramentaler Interpretation: Anspielungen auf Jesu Tod (seine nachösterliche Erscheinung vor den kirchengeschichtlich sich selbst überlassenen Jüngern auf stürmischer See verknüpfen außer Johannes auch Matthäus und Markus mit der Brotvermehrungs-Geschichte) und Anklänge an urchristliches Agape- und Eucharistiefeiern - zumal Johannes keinen Abendmahlsbericht mit Einsetzungsworten überliefert. Andererseits stehen »Wort«, »Fleich«, »Brot« (1,1.14; 5,24; 6,35.51) überall synonym für Jesus. Und der wird in seiner Brot-Rede (»in der Synagoge« 6,59) als »Rabbi« angesprochen (6,25), wird also formal und inhaltlich als *der* »Lehrer« dargestellt, der nicht nur reproduziert, sondern programmatisch Anspruchsvolles bietet: gegenüber dem herkömmlichen nun eben »unvergängliches« Wort (6,27.68).
In solchem Bezugsgeflecht ist diese Speisungsgeschichte für mich weniger denn je die Erinnerung an eine »realistische« Geschichte. Dafür gibt's zu viele auffällige und unglaubliche Details. Vielmehr möchte ich sie der Gottesdienst-Gemeinde als eine mutmachende Symbolgeschichte nahebringen.
Da spielt schon »der Berg« (6,3) eine Rolle, auf den Jesus sich setzt: Erinnerung an den Sinai des Mose, von dem im Dekalog die Weisungen zum Leben kamen, die vor dem Tod bewahren (5. Mose 30,15). Was Jesus sagt und tut, hat *jetzt diesen* Rang! Auch das »Gott sehen« (6,46) ruft Mose-Erinnerungen wach (2. Mose 24,10 f.; 33,18 ff.; 34,29 ff.) - wie ja auch die »12«-Zahl in Anklängen an die Frühzeit des Gottesvolkes die Jetztzeit besonders qualifiziert: (auch) *wir* sind jetzt das Volk Gottes! Und öffnet nicht auch der Hinweis, daß Jesus, bevor man ihn zum (Brot-)König hätte ausrufen können, »allein auf den Berg« ging (Johannes 6,15), verschiedene Assoziationen? Sowohl in Richtung des Moses (2. Mose 19,3; 32.1; vgl. auch die Verklärung Jesu auf einem »hohen Berg« und das Erscheinen von Mose und Elia z. B. Matthäus 17,1 ff.) als auch in Richtung auf Jesu Tod, der ihn nach Johannes 8,21 ff.28 doppeldeutig »nach oben« bringt, wo die Leute ihn vergeblich suchen wie weiland Mose (2. Mose 32,1). So ließe sich in solcher »Erhöhung« (Johannes 12,32) auch fast eine Rechtfertigung seines Todes erkennen: Natürlich »Königtum!« (18,36 f.), aber eben anders - einerseits nicht nach dem Muster der sattsam bekannten Machthaber, von denen dann doch trotz vieler Negativerfahrungen immer wieder politische Wun-

der und »Zeichen« erwartet wurden; andererseits ein somit lokal entgrenztes, universales Königtum.
Die Geschichte des so in einem Atemzug mit Mose genannten und diesen doch überbietenden Jesus - sie mutet wie ein Pendant zur nur synoptisch überlieferten Verklärungsgeschichte an (*»den* sollt ihr hören!« Matthäus 17,5) - könnte sich dann anhand dieser »Speisung der 5000« so entschlüsseln lassen:
Die Befreiungsgeschichte, die Jesus einleitet, hat ein größeres Ausmaß. Unter der Regie des Mose war's eine zwar exemplarische Befreiung, doch aus lokal begrenzter Sklaverei. Jetzt ist die Befreiung aus umfassendem Todesverhängnis mitzubekommen (5,24; 6,58). Und *Jesus* ist jetzt »der Lehrer«, von dem alles abhängt. (Auch seine vorausgegangene Überfahrt über's Galiläische Meer läßt an den der Sinai-Lehre vorausgegangenen Durchzug durch's »Schilfmeer« 2. Mose 14 denken). Die Leute kommen in Massen und hungern nach dem, was er sagt. Und sie werden satt. Das »bißchen Reden« in der kurzen Zeit seines öffentlichen Auftretens vor seinem Tod (vor dem »Abend« V. 16 ff.) hatte schon unendlich viel und viele erreicht. Die »Brocken«, die die 12 Jünger in den »12 (!) Körben« sammelten, erinnern jetzt an die »Sammlungen« der Worte und Taten Jesu in den Evangelien durch die Urkirche: Die 12 Körbe voller »Brot«-Reste sind ja qualitativ mehr als die anfänglichen 5 Brote. So hat sich das Wort Jesu (er »gab das Brot« V. 11) durch die Predigt der dazu beauftragten Jünger (V. 12) im Lauf der Kirchengeschichte auf dem ganzen damals bekannten »Gelände« vermehrt (14,12) und ausgeweitet und erreichte über die »anfänglichen 5000« hinaus immer mehr Menschen. Wie Brot und Fisch Grundnahrungsmittel sind, so ist das befreiende Wort Jesu *das* Lebensmittel. Von *ihm* zu hören, macht satt und gesund. Dies messianische »Zeichen« umfassenden Heilens verknüpft nicht nur die Botschaft des älteren Testaments (z. B. Jesaja 61,1 f.; vgl. 58,6 ff.) mit der des neueren (z. B. Lukas 4,18 f.; Matthäus 11,5), sondern begleitet die weitergehende Geschichte des Christus (Matthäus 10,8; Markus 16,17 ff.). Das Wort Jesu verliert beim Weitersagen nicht die Kraft. Es ist - als »unvergängliche Speise« (Johannes 6,27) - auch »am Schluß« immer noch *mehr* vorhanden, als alle »aufnehmen« können.
Was zunächst ungeheuerlich klingt, also ob Jesus den Philippus hinterlistig mit Fangfragen herausfordern und in eine Falle locken wollte (6,6), vollzieht sich in der täglichen Kirchengeschichte durchaus als reale Prüfung: Womit rechnen sie jetzt, wo Jesus sie längst nicht mehr leibhaftig begleiten kann (6,16 ff.)? Daß auf dem »Markt«, also überall bei anderen Anbietern auch, gekauft werden könnte (V. 5), was die Leute brauchen? Nein, sondern daß allein das von ihm zuerst gegebene Wort (V. 11) bleibende Kraft ist gegen das, was »finster« ist und »stürmisch bewegt« (V. 17 ff.).
Und »das Kind«, das die 5 Brote und 2 Fische hatte, aus dem sich dann alles Weitere entwickelt, was satt macht? Ist's nicht ein Bild für Jesus selbst? Für

den unscheinbaren Anfang? Ein Kind, das naiv und unbekümmert ist und das Lebensnotwendige dahin bringt, wo's gebraucht wird - noch ohne das kühle Kalkulieren, ob's wohl reicht, »sich rechnet« und rentiert. Jesus sagte ja auch in der anschließenden Episode nur die beiden »kleinen« Sätze: »Ich bin's. Fürchtet euch nicht!« (V. 20) Das reichte - und das Schiff war »an Land«. Eben »dieses bißchen« kann sich - durch die, die »die Brocken« sammeln und weitergeben - auch heute noch so auswirken und erweitern und Unzählige in ihrem Lebenshunger satt machen. Gegenüber all der erlebten Realität in und außerhalb der Kirche und gegenüber all unsrer eigenen Skepsis ist das auch heute eine frohe Botschaft dieser »Speisung der 5000«. Wo's heute geschieht, ist es eben noch immer ein »Wunder«. Wer gibt denn schon zu, daß er »hungrig« ist? Sehr eindrücklich ist K. Zillessens Frage in den »Annäherungen«: »Wie kann man vom Brot des Lebens predigen, wenn keiner mehr Hunger hat?« Und wer erwartet noch etwas - von Jesus, von »seinem Wort«? Und das - in »Worten der Kirche«? Jedenfalls kaum noch im Zusammenhang einer so vielköpfigen Menge!
Nach allen Andeutungen zu dem, was mir in Text und Kontext in der Gegenüberstellung von Mose und Jesus auffiel, möchte ich klarstellen: Ich habe absolut kein Interesse, in der Predigt etwas zu vermitteln, aus dem eine antijüdische Tendenz herausgehört werden könnte, und etwa Jesus *vor* Mose den Vorzug zu geben, wie's vielleicht dem Johannes vorgeschwebt haben mag. Vielmehr möchte ich den Ton so setzen, daß die Befreiungsgeschichte, für die Mose steht, mit Jesu Reden und Handeln Fortsetzung fand und heute in und mit seinem Wort unter uns und durch uns weitere Fortsetzung finden kann.

Vorschläge zur Liturgie

Eingangswort
Psalm 107,1+9 (Sonntagspsalm!); 145,13 c.15 f.; Jeremia 15,16 a.b

Ermutigungswort
Johannes 6,35 a–c

Lesung
5. Mose 8,1–10 (V. 3 wird in Matthäus 4,4 zitiert); Amos 8,11 f.
Wort nach der Lesung vor dem Halleluja
Psalm 22,27 (gerade etwa nach Amos 8,11 f. als Lesungstext);
146,5 a.7 bc.8 ab.10 c

Glaubensbekenntis
»Wir glauben, daß es Leben gibt - und noch mehr geben wird ...« (Irja Askole); »Wir glauben an Gott. Er gab denen (...), die Hunger hatten,

zu essen ...« (Ernesto Cardenal). Beide Texte in: Neue Glaubensbekenntnisse. Gütersloh 1995, Seite 83 f. bzw. Seite 113

Sündenbekenntnis
(z.B. im Zusammenhang mit Jeremia 15,16 als vorausgegangenem Eingangswort)
Gott sei Dank für alle Worte, die uns erleichtern und beschwingen: Wort der Liebe und Anerkennung und Vergebung! Es tut gut, so was zu hören. Und klingt noch lange nach. Schade, daß nicht auch uns immer wieder solche Worte einfallen, die anderen gut tun. Schade, daß so schnell Worte im Raum stehen und zwischen uns stehen, die abspeisen und abweisen, die fertig sind und fertig machen: auf Ämtern ... in den Kirchen ... auf Fragen ... Worte, die wir leider auch selbst sagen, wenn wir müde und aggressiv sind. Dagegen Worte, die sattmachen, lang vorhalten, heilen und froh machen, Traum-Worte, die Hunger machen nach mehr: das ist's, wonach wir suchen. Laß dein Wort uns erreichen und uns reich machen und in unsren Ohren und auf unsrer Zunge nicht mehr zergehen.

Kollektengebet
Gott, »speise uns mit deinem Wort, daß wir satt werden hier und dort«.

Fürbittengebet
In Abwandlung des Liedes EG 420: »Wir brechen mit den Hungrigen das Brot, sprechen mit den Sprachlosen ein Wort, singen mit den Traurigen ein Lied, teilen mit den Einsamen das Haus«. Deshalb denken wir in unsrem Beten jetzt besonders an ... (Nennung konkreter Gruppen und Schicksale).
Oder:
Guter Gott, wir beten und leben dafür, daß dein Wort auch unter uns und durch uns Hunger nach Leben stillt: dein Wort an die Armen ... (hier und nachfolgend einen Augenblick der Stille einschieben), an die Kranken ... an die Toten ... an die Sünder ... an die Kinder ... an die Frauen ... an die Fremden ... an die Gegner ...; daß dies Wort mehr aus uns macht, als wir zuvor waren, und daß wir mit deinem Wort mehr erreichen, als unsre eigenen Worte bewirken können; daß wir so deine Zeugen sein können ... (in/bei/wenn: hier können gemeindespezifische konkrete Situationen angesprochen werden).

Lieder
Eingangslied: »Er weckt mich alle Morgen« EG 452,1-3+5 / »Auf und macht die Herzen weit« EG 454,1-6 / »Ein neuer Tag beginnt« EG 670,1-4 (Regionalteil Baden).
Loblied: »Herr, für dein Wort sei hoch gepreist« EG 196,1+6 / »Singt dem Herrn, alle Völker und Rassen« B 158 (Mein Liederbuch 2, tvd-Verlag).

Lied vor der Predigt: »Brich mit dem Hungrigen dein Brot« EG 418,1-4 / »Aller Augen warten auf dich, Herre« EG 461 (mehrstimmig zu singen) / »Es ist ein Wort ergangen« EG 586,1-6 (Regionalteil Baden).
Lied nach der Predigt: »Such, wer da will, ein ander Ziel« EG 346,1+4 / »Brich mit den Hungrigen dein Brot« EG 420,1-5 / »Ins Wasser fällt ein Stein« EG 648,1-3 (Regionalteil Baden) / »Kannst du das Lied schon hören« (Fundort unbekannt) / »Kleines Senfkorn Hoffnung« B 190 (dies und die folgenden Lieder in: Mein Liederbuch 2, tvd-Verlag) / »Wenn du singst, sing nicht allein« C 45 / »Wenn das Brot, das wir teilen« B 230 / »Der Worte sind viele« B 159.
Schlußlied: »Komm, Herr, segne uns« EG 170,2 / »Wir danken Gott für seine Gaben« EG 458 / »Herr, gib uns unser täglich Brot« EG 464.

Vorschlag zur Predigt

Möglicher Predigtanfang
»Schukran« - liebe Gemeinde, was für große Wirkungen dies kleine arabische Wort haben kann! Meine Frau und ich haben's mitbekommen. Noch vor der Intifada auf einem Dorfplatz in den von Israel besetzten Gebieten. Wir fragten eine Gruppe palästinensischer Männer auf Englisch nach dem Weg. Die meisten hatten sich abgewendet. Ein israelisches Nummernschild auf unserm Leihauto: Wir kamen offensichtlich von der »Gegenseite«! Einer antwortete zögernd. Als meine Frau sich darauf mit »Schukran«, »Danke!« verabschieden wollte, drehten sich mit einem Mal alle zu uns um mit offenen, interessierten, strahlenden Gesichtern. Ein kleines Wort hatte die ganze Situation verändert und mit dem Zugang zu diesen Menschen uns eine neue Welt erschlossen. Es war nicht das einzige Mal, daß wir so etwas erlebten. Sie kennen solches vielleicht auch - aus anderen Zusammenhängen
Worte, die etwas aufstoßen, was vorher *zu* war. Das können auch Worte der eigenen Sprache sein. Worte wie »Es tut mir leid, verzeih' bitte!« Oder »Das hast du ganz toll gemacht!« Oder »Was wäre, wenn Sie nicht wären! Sie sind da ganz wichtig!« Lauter »kleine« Worte. Und doch können sie unglaublich viel bewegen. Das Gesicht von Menschen verändern. Sogar »Berge versetzen«.
Nach allem, was wir von damals lesen, hatten manche Worte, die Jesus sagte, auch solche Wirkungen. Worte wie »Wer von euch ohne Schuld ist, werfe den ersten Stein« (Johannes 8,7). Oder »Jeder bekommt - nicht was er verdient, sondern was er braucht« (nach Matthäus 20,1ff.). Oder »Die Ordnungen sind um des Menschen willen da und nicht umgekehrt« (nach Markus 2,27). Oder »Fürchtet euch nicht!« (Johannes 6,20). Oder »Kommt zu mir, die ihr mit so vielem belastet seid und euch quält: ihr sollt aufatmen und frei sein!« (Matthäus 11,28). Oder »Selig sind, die nach Gerechtigkeit hungern und dürsten: sie sollen satt werden!« (Matthäus 5,6).

Was Jesus so von sich aus und von Gott sagte, war - im Unterschied zu vielen harten Brocken, mit denen man sonst abgespeist wurde und an denen sich mancher die Zähne ausbiß - »Brot« wie aus einer anderen Welt; »Himmelsbrot«, wie's die Vorfahren schon einmal gerettet hatte, als es in der Wüste nichts mehr gab. Etwas, das nun endlich alle satt macht, die Hunger haben: nach Gerechtigkeit und Anerkennung und Liebe. Was das für die Menschen damals bedeutete, faßt das Johannesevangelium in späteren Jahren im Rahmen einer besonders gestalteten symbolischen Geschichte zusammen. Was da anfangs des 6. Kapitels als wundersame Brot- und Fisch-Vermehrungsgeschichte erzählt wird, ist die von unsrer Kirche für diesen Sonntag vorgeschlagene Bibelstelle.
(An dieser Stelle würde ich die Perikope lesen).

Weitere Predigtschritte
Hinweise, daß den Leuten damals »Gottesworte« ja nicht fremd waren, daß sie immer wieder auf Mose und auf die Befreiung als Gottes Programm für sein Volk hingewiesen wurden - gerade in Zeiten des Pessachfeierns; daß sie aber wenig davon *erlebten;* daß der Rabbi aus Nazaret unter Berufung auf denselben Gott nun aber Handfestes auszuteilen begann; etwas, das ihr Leben tatsächlich veränderte, daß offenbar wie damals unter Mose eine neue Befreiungsgeschichte begann in Richtung eines ersehnten »gelobten Landes«. Können wir dem nachspüren, was denen damals dabei im Blick war, wenn wir einen Moment innehalten? Wenn uns einfällt, wie ein »gelobtes Land« für uns aussehen würde und was sich dazu lösen müßte, um dieses zu erreichen? (Kurze Stille). Hinweis, wie noch die späteren Generationen im Nacherleben und neuen Sehnen davon zehrten, was über den Aufbruch unter Mose in Erinnerung war. Hinweis auf Erzählpointen *in* der Perikope (z. B. »Berg«) und davor und danach, die nun Jesus wie einen zweiten Mose qualifizierten und entsprechende Erwartungen an ihn bestätigen.

Kein Wunder, daß sich auf solche »Zeichen« hin Massen auf den Weg machen - gerade in Galiläa. Aber »das bißchen Reden« sollte schon die Welt umkrempeln? Menschen, Stimmungen, Beziehungen, Situationen lösen und befreien? Den Riesenhunger nach mehr Gerechtigkeit stillen? Ja! Sogar ein »Kind« hat, was alle brauchen. Ein Kind, also ein Mensch, der noch nicht kalkuliert - und resigniert wie kühl rechnende Erwachsene: »Das geht doch nicht ... reicht doch niemals ... Hör bloß auf damit!« Ein Kind, das vielmehr *alles* für möglich hält. Und was dies Kind hat, vermehrt sich unter der Hand, die dafür dankt. Denn Danken besagt doch: Es ist nicht mein Besitz, es stammt nicht von mir und gehört mir auch nicht allein. Solches Danken ist Voraussetzung für's Austeilen und Mehren. Und es werden nicht nur Menschen satt, die all das von Jesus direkt mitbekommen haben, sondern auch die, die davon zehren, was die 12 Jünger dann an

Jesusworten wie »Himmelsbrot« gesammelt und »tradiert« haben. Johannes schwelgt am Ende des 1. Jahrhunderts. Das bißchen, das Jesus am galiläischen Meer auszuteilen begann, hat sich schon so vermehrt, daß es für nicht mehr zu zählende Menschen »reicht«. Welche Schätze, die seit Jesu Zeiten schon an Arme und Hungernde ausgeteilt wurden! Schätze, die von einem ausgingen, der vor dieser Veränderung, die sich nun überall vollzog, doch selbst nur wie dieses Kind war, auf das Andreas aufmerksam machte: Es konnte in seinem Arm gerade 5 Brote und 2 Fische halten. Was sollte das angesichts des Riesenbedarfs? Ein »Kind«, das tausende »Männer« satt macht? Ein einzelner, der das Schicksal eines Volkes und anderer Völker wendet? Ein einzelner angesichts all der Gewalt- und Hungerverhältnisse – ist das nicht zum Lachen? Aber stattdessen liegt noch immer das Staunen über dem Bericht des Johannes und begleitet vielleicht auch unser Hören. Was ist aus den Sätzen Jesu im Lauf der Zeit gewachsen! Weit mehr als es zunächst danach aussah. Unzählige haben sie erreicht und umgedreht. Welten haben sich verändert. Martin ... Franziskus ... Elisabeth ... Luther sind sattgeworden und haben dieses Lebensmittel an andere weitergereicht. Gandhi hat davon gegessen ... Mutter Teresa ... Dietrich Bonhoeffer und Jaques Gaillot. So viele, die mit ihrer Lebensart nun anderen Hunger machen. Noch immer werden Menschen satt von dem, was damals gereicht wurde. Sie auch?

Weitere Fragen könnten sein:
Aus welchen »Körben« heute Menschen abgespeist werden. Und wieviele schon so satt sind, daß sie weder Hunger noch Lust haben auf derlei »Lebensmittel Jesu«. Ob es daran liegt, daß das »in den Körben Aufgehobene« vielleicht gar nicht mehr nach dem schmeckt, woher es einmal kam?

Möglicher Schluß
Was nach dem Sattwerden jener 5000 gesammelt wurde, war ja wohl zum Weitergeben bestimmt. Dieses Brot, das Wort Jesu, hat also immer andere mit im Blick. Ist da nicht einiges durcheinandergeraten, wenn manche heute nur an das eigene Sattwerden denken? Es ist ja nicht selten zu hören: »Heute hab' ich was für mich mitgenommen (oder: leider nichts für mich mitnehmen können)!« Dann bleiben die anderen »Brocken« liegen? Wer sagt's dann weiter: »Du hast um Gottes willen ein Recht auf das, was du in deiner Situation brauchst – andere Maßstäbe gelten nicht« (vgl. Matthäus 20,1 ff.)? Oder »Du bist mir in deinem Anderssein recht« (vgl. Römer 15,7). Wer wagt – andere damit entlastend – einem Betreffenden zu sagen: »Du hast kein Recht zu deiner Herrschaft über andere – auch nicht in der Kirche!« (Matthäus 20,25 f.)? Wer ermutigt »Du kannst neu anfangen« (Johannes 8,11; Lukas 15)? ...
Solche »kleine Worte« jenes Anfangs damals – jedes davon könnte eigene und andere Welten ändern – kann doch auch jetzt noch für *jeden* – egal wo,

egal wann – wichtig werden im Hunger, der überall sichtbar wird nach Menschenwürde und Gerechtigkeit, nach Verständnis und Liebe. Wir *haben* gegen viel Gerede und Geschwätz sonst solche Worte – für uns und für andere: Schöpfungsworte, aus denen Neues entstehen kann ... Heilende Worte, die gut tun ... Das Wort, das Tote weckt: »Du kannst aufstehen!« (Markus 5,41; Apostelgeschichte 3,6).
So ist Johannes 6 eine Mutmachgeschichte. Probier's doch – dieses »kleine Lied der Hoffnung«. Greif es auf und hilft es mehren! Es hat's in sich. Genug für jeden, der's braucht.
»Schukran« – Danke, Gott! »Du bist das Lebensbrot. Speis die Leiber, stärk die Seelen, die wir dir jetzt anbefehlen, steh uns bei in aller Not ...«

Kontexte

Symbol von Nes Ammim, dem christlichen Moshav in West-Galiläa/Israel.

Der Getreidepreis betrug 1 Denar für 1 Sea = ca. 13 Liter Getreide.
Der Tages-Brotbedarf entsprach einem Preis von 1/12 Denar = 2 As und einer Getreidemenge von 13/12 = ca. 1 Liter. / Wir können auch nicht-palästinensische Quellen aus der Zeit kurz nach Jesu heranziehen: Nach Cicero kostete Weizen im Gewicht von 12 Choinices = 13,128 Liter (1 Choinix = 1,094 Liter) einen Denar. Nach Athanaeus war ein Choinix, also 1,094 Liter Weizen, das tägliche Speisemaß eines einzelnen. Getreidepreis und Tagesbrot-Bedarf entsprechen also den rabbinischen Angaben. / Wie wir ... nachweisen konnten, stimmt somit die überschlägige Berechnung der Jünger Jesu, daß man mit 200 Denaren bei Ansetzen einer 1/2-Tagesration pro Kopf für 1 As (24 As = 1 Denar) 4800 Halbtags-Rationen hätte besorgen können. / Wenn wir anstelle der soeben erwähnten Halbtages-Rationen das normale 1/3-Tagesration zugrunde legen, dann könnten 1/6 mehr Menschen gespeist werden,

das würde bedeuten, bei 4800 Menschen 1/6 = 800, also insgesamt 5600 Menschen hätten ohne weiteres mit einer Hauptmahlzeit auskömmlich bewirtet werden können. Hierfür hätten 200 Denare ausgereicht.
(Heinz Schröder, Jesus und das Geld. Wirtschaftskommentar zum Neuen Testament, 3. erweiterte Auflage, Badenia Verlag Karlsruhe, 1981)

Meister im Brotessen / Innerhalb der Europäischen Union sind die Deutschen die fleißigsten Brotesser: Jeder verzehrt im Mittel 81 Kilo pro Jahr. Das berichteten Experten ... in Berlin, wo 100 Wissenschaftler über einen »Europäischen Brotmarkt im Wandel« diskutierten.
(dpa-Meldung in: Badische Zeitung 22. 6. 1996).

Äußerung einer materiell und sozial verarmten Frau: Ich bin ziemlich einsam geworden, weil ich niemand mehr einladen kann, weil ich kein Geld habe, um Kuchen zu backen oder zu kaufen!

8. Sonntag nach Trinitatis

Annäherungen an den Predigttext Matthäus 5,13–16

Ralf Handelsmann

Die Gespräche, die diesen Annäherungen zu Grunde liegen, wurden mit Konfirmanden, Teilnehmern einer Familienfreizeit, Einzelpersonen sowie mit Müttern, die einen Konfirmandentag inhaltlich vorbereiteten, geführt.

Alles bekannt ... oder etwa doch nicht?

Alle Erwachsenen Gesprächsteilnehmer hatten das Gefühl: »Diesen Text, den kennen wir doch!« Und dabei waren es lange nicht alles Menschen, die ich zur Kerngemeinde rechnen würde. Aber »ihr seid das Salz der Erde« und die stehende Redewendung vom Licht, welches nicht unter den Scheffel gestellt werden soll, die waren von den Worten her bekannt. Das Gefühl einer gewissen Vertrautheit mit dem Text war darum schnell da. Inhaltlich hatte dies aber kaum Bedeutung, denn in den Gesprächsgruppen fiel es sehr schwer, eine mögliche Bedeutung der Worte (die auf der Gefühlsebene da war) zu formulieren. Die Konfirmanden waren die einzigen, denen das Vertraute an diesen Sätzen völlig fehlte. Die Vokabel »Scheffel« mußte erklärt werden und unklar war, wieso man Salz zertreten kann. An einen Salzblock zu denken, war für sie völlig neu. Die ganze Redesituation war für sie erklärungsbedürftig, während die Erwachsenen sich fast automatisch mit dem »Ihr« aus Vers 13 und 14 identifizierten.

Trübe Funzel oder helles Licht?

Von allen Gesprächsteilnehmerinnen wurde ein deutlicher Unterschied zwischen V. 13 und den Versen 14–16 empfunden. Die Schärfe von V. 13 b wurde gefühlsmäßig mit Aussprüchen wie »... da krieg ich Angst vor dem Versagen«, »... ich hab einen Kloß im Hals«, »... das ist schwerwiegend und so endgültig«, usw. belegt. Menschen wie Sachen wegwerfen und zertreten, nur weil sie eine Aufgabe nicht (mehr) erfüllen, das schaffte Unruhe im Gespräch und war sichtbar in der Körperhaltung. Die Frage war: Genüge ich dieser Forderung, Salz in der Welt zu sein? Oder stehe ich in der Gefahr, zertreten zu werden? Ist mein Licht hell genug? Mein Ein-

druck war, je eher jemand schon Erfahrungen mit Gott gemacht hatte in seinem Leben, je größeres Gewicht bekam dieser Teil des Textes und umgekehrt.
Gegen diese eher negativen Gefühle und Anfragen überwog aber deutlich die Zusage der Verse als Ganzes. Die Begriffe »Hoffnung«, »Vertrauen«, »persönliche Ermutigung«, »... da kann ich gut mit leben«, wurden oft genannt oder durch Gesten bestätigt. »Jeder hat wohl seine ganz persönliche Aufgabe, aber eben auch genug Leuchtkraft von Gott bekommen.« »Auch die kleinste Kerze macht ja einen Winkel im Raum hell.« Die Worte Jesu schafften so im Verlauf der Gespräche eine Atmosphäre des gestärkten Selbstvertrauens. »Wenn wir Menschen/Christen die Leuchten dieser Welt sind, dann mal los!« Eine größere Offenheit untereinander sei so etwas, wie den Scheffel wegnehmen. Gefühle müßten gegen die Macht des Geldes, der Sachzwänge geäußert werden. Bedenken gab es, dies allein leisten zu können. Nur in der Gemeinschaft sei das gut möglich, solche tragende Gemeinschaft aber sei selten. Die Kirchen müßten das doch sein, leisten das aber lange nicht immer.

»Zu-Mutung« oder »krummes Holz – aufrechter Gang«!

Dies Wort »Zu-Mutung« gibt es zwar so nicht, aber jemand brachte als Fazit seinen Texteindruck so auf den Punkt. Jesus stellt uns in Frage, aber er macht auch Mut zum Leben und zum Handeln. Jemand brachte die Pfingstgeschichte als Beispiel für das, was Jesus hier meint. Die, ach so schwachen Jünger, nehmen die »Zumutung« des Heiligen Geistes an und siehe da, sie haben plötzlich die Fähigkeit zu Menschen zu reden, die objektiv ihre Sprache nicht sprechen. Ihr Licht, ihre Kraft zu salzen ist groß genug, Gott sei Dank!
Dunkelheit gibt es genug in dieser Welt, aber wir können mit dem Leuchten ruhig anfangen. Vieles ist fad in unserem Land, aber wenn wir noch ein bißchen salzig sind, kann und wird es besser werden. Die verschiedensten Problemkreise, von den Kriegsschauplätzen, über Umweltfragen und Beziehungskrisen bis hin zur sozialen Ungerechtigkeit wurden hiermit verknüpft. Vertrauen, diese Dinge angehen zu können wurde spürbar, ohne die Probleme unter den Teppich zu kehren. Salz und Licht (also wir) sind nötige »Bausteine des Lebens«.
Eine Zumutung blieb der Vers 16 b. Es war einsichtig, daß, wo wir (Christen) Menschen leuchten und salzen, andere dies mitbekommen. Aber daß daraus ein Lob auf Gott werden kann, dazu hatte niemand rechtes Vertrauen. »Das klappt nicht, dann müßte ich ja überall dazusagen, daß ich etwas tue, weil ich an Gott glaube, das mache ich nicht!«

Düt und Dat um Salz und Licht

Die Begriffe Salz und Licht regten zu vielerlei Assoziationsketten an. Um Salz und ganz früher um Feuer bekam man sich »in die Haare«, wurden

sogar Kriege geführt. Also ist Salz und Licht wertvoll. – Salz ist Heilmittel/Desinfektionsmittel/Konservierungsstoff im guten Sinne, aber zuviel Salz verdirbt die Suppe. Zuviel Salz kann ätzend sein. – Licht und Feuer schaffen Wärme, Behaglichkeit, aber sie sind auch gefährlich, denn zuviel Licht (ver-)blendet, zuviel Feuer kann alles vernichten. Also sind wir Christenmenschen Chance und Risiko für diese Welt zugleich.
Zum Salz, was keine Würzkraft mehr hat, fragte sich eine Konfirmandin: »Wenn ein Ding nicht mehr das macht, wozu es da ist, was soll man denn dann nehmen?« Ein anderer fragte: »Wenn wir das Salz sind, wer ist dann die Suppe?«
Salz kann auftauen und Auftrieb (Beispiel: Totes Meer) geben. Das wäre für diese Welt sehr hilfreich. Viele gute Ideen liegen »auf Eis«, manche Beziehung ist abgekühlt bis unter den Gefrierpunkt. Wenn wir das Salz sein könnten, was könnte nicht alles in Gang kommen.
Wo Salz wirkt, da löst es sich auf, oder besser noch, ohne solche Auflösung gibt es kaum eine Wirkung. Also ist Veränderung nötig, sonst zeigt das nur, daß dies Salz keine Kraft mehr hat.
An biblischen Bezügen wurden noch benannt: Gen 1,3 »Es werde Licht und es ward Licht« sowie Jes 60,1 »mache dich auf und werde Licht«, Joh 8,12 »ich bin das Licht der Welt« und Lk 19,1 ff. von den anvertrauten Pfunden.

Zum Gottesdienst

Stefan Claaß

Exegetisch-homiletische Skizze

»Es kommt darauf an, was man daraus macht«, heißt eine schlichte Weisheit. Sie scheint voll auf unsere Perikope zuzutreffen. Bis auf kleinere Verständnisschwierigkeiten (Scheffel, Salzblock, siehe Annäherungen) ist klar, daß es bei den Bildworten vom Salz, vom Licht und von der Stadt auf dem Berg um die jeweilige Funktion geht. Im Mittelpunkt steht die Aufgabe. Daran wird ein Grundzug des Matthäus deutlich: »das Prae der Tat vor dem Wort« (U. Luz, Das Matthäusevangelium, EKK I, Seite 225). »Ebenso wie Jüngerschaft Erfüllung der Gebote Jesu bedeutet, so bekommt auch in der Verkündigung das Leben der Christen einen, um nicht zu sagen: den entscheidenden Platz.« (Luz, Seite 224).
Welche Funktion steht bei diesen Bildern im Vordergrund – und welche Aufgabe ergibt sich daraus für die Angesprochenen? Die Kürze der Worte macht deutlich, daß hier allgemein Bekanntes vorausgesetzt wird: Salz würzt und Licht leuchtet. Auch eine nähere Untersuchung und das Heran-

ziehen der Konkordanz bringt keine spezifischeren Funktionen zum Ausdruck. »Was an den Worten Jesu an dieser Stelle besonders auffällt, ist die Tatsache, daß sie gewissermaßen ohne jeden Inhalt sind. Es gibt in ihnen offenbar keine besondere Lehre, keine bestimmte Wahrheit ...« (E. Drewermann, das Matthäusevangelium, 1. Teil, Olten 1992, Seite 428). Wir können in der Predigt daher getrost auf weitschweifige Salz- und Lichttheorien verzichten. Von der Funktion her gedacht bleibt aber festzuhalten: Salz würzt, indem es sich auflöst; Licht leuchtet, indem es sich ausbreitet. Ein jerusalemisches Sprichwort sagt: »Das Salz des Geldes ist die Wohltätigkeit.« (Strack/Billerbeck, Kommentar zum Matthäusevangelium, Seite 236). Die Deutung des Salzes auf Menschen scheint bei Jesus neu zu sein.

Die Umkehrungen der Bilder illustrieren daher nur das einsehbar Sinnlose: Salz kann niemals *nicht* würzen - sonst ist es kein Salz mehr. Und die Vorstellung, Licht unter einen Scheffel zu stellen, zeugt zugleich davon, daß auch Jesus nicht ohne Humor gepredigt hat.

An wen richten sich die Worte? An die kleine, in Nachfolge und Verfolgung erfahrene Jüngerschar Jesu, nicht an einen besonderen Kreis innerhalb dieser Runde. Wir können daher mit Recht im Sinne Jesu »die Gemeinde« ansprechen und zugleich zurückfragen: »Welch einen Typ von Gemeinde oder von Kirche hat Jesus eigentlich gewollt?« (Drewermann, Seite 428).

Drewermann warnt davor, die Gemeinde statt in »Konturen« in »Strukturen« beschreiben zu wollen. Um der Lebendigkeit der Bilder willen, um ihrer »Zu-Mutung« willen ergeben sich vier homiletische Konsequenzen:

1. Salz, Licht und Stadt auf dem Berg sind Leit-Bilder der Gemeinde Jesu Christi für ihr Leben mitten in der Welt. »Ihr« seid gemeint, ja genau: Ihr! Und zwar nicht als je einzelne Menschen, sondern als die »Gemeinschaft der Heiligen«. »Säkularisierte Zeitgenossen mögen diese Worte ärgerlich finden.« Sind sie nicht »Ausdruck eines unerträglich elitären Bewußtseins?« (G. Theißen, Lichtspuren, Gütersloh 1994, Seite 86). Die Kirche ist immer wieder dieser Gefahr erlegen, sich die von Jesus zugesprochenen Prädikate anzueignen und zu sagen: Wir sind!

Matthäus aber geht es nicht darum, unser Selbstbewußtsein zu stärken, sondern unser Christusbewußtsein.

2. Ihr *seid* Salz und Licht und Stadt auf dem Berg. Die heutige Predigt erfreut sich am Indikativ. Schlechte Gegenbeispiele kennen alle. Es lohnt die Mühe, würzige und helle Erfahrungen (bitte auch aus der eigenen Welt der Gemeinde) zur Sprache zu bringen. Gute Leitbilder rollen einen Teppich vor uns aus, auf dem wir bereits stehen.

3. Gute Leitbilder fordern uns aber zugleich heraus: Bitte betreten! So wie das Licht mit keiner Grenze zufrieden ist, sich immer weiter ausbreitet, so ist Würz- und Leuchtkraft der Gemeinde noch nie ausreichend realisiert. (siehe Zitat von M. Luther am Ende der Predigt).

4. Die Gemeinde ist sich nicht selbst Adressat. Wenn etwas schmeckt wie »Salz ohne Supp'n« (Karl Valentin), dann ist diese grauenhafte Vorstellung kaum der Erklärung bedürftig. An dieser Stelle ist auch auf die Absicht in V. 16 zu achten: damit die Menschen euren Vater im Himmel preisen. Die Wirkung in die Welt hinein ist so gedacht, daß gerade die Absichts-*losigkeit* einladend wirkt. Es geht nicht darum, die Kirchen zu füllen, wieder attraktiv zu werden oder um irgendein anderes Ziel, das die Gemeinde für sich selbst im Auge hätte. So wie Salz sich auflöst und Licht sich verbreitet, so sind die guten Werke solche, die nicht *etwas,* sondern uns selbst als Einsatz verlangen: Krankenbesuche, Gastfreundschaft, Friedenstiftung. »Eigentliche Liebeswerke sind nur die, die man mit der eigenen Person tut.« (Theißen, Seite 89).
Von einem Auftrag, »überall dazuzusagen, daß ich etwas tue, weil ich an Gott glaube« (siehe Annäherungen), ist bei Matthäus keine Rede. Handlungen vermögen auch aus sich zu sprechen. Ich denke da an die Mahnung von Fulbert Steffensky an einen Studenten, der in langer Rede seinen Segen erklären wollte: »Halt's Maul und leg die Hand auf!«

Vorschläge zur Liturgie

Introitus
Psalm 48,9–15

Lieder
EG 182: Suchet zuerst Gottes Reich (V. 4!); EG 416: O Herr, mach mich zu einem Werkzeug deines Friedens; EG 251: Herz und Herz (»er das Licht und wir der Schein«); Es geht ohne Gott in die Dunkelheit (T+M: Manfred Siebald, aus: Sein Ruhm unsere Freude, Hänssler); mit Bezug zum Abendmahl: EG 229: Kommt mit Gaben und Lobgesang.

Lesungen
Jesaja 48,7–19; Epheser 5,8–14; 1. Thessalonicher 5,1–6.

Eingangsgebet
In dir, Gott, ist Friede und Gerechtigkeit. Mach uns zur Taube, die deinen Frieden über das große Wasser trägt. Mach uns zum Kanal, der dein Leben in dürres Land leitet. Mach uns zum Höhenfeuer, das warnt vor den Gefahren, die dem Leben drohen. Mach uns zum Lautsprecher, der deine Botschaft überall hörbar macht. Mach uns zum Werkzeug, das du brauchst für Frieden und Gerechtigkeit.
(Anton Rotzetter, Gott, der mich atmen läßt, Herderbücherei Band 8832, Verlag Herder, Freiburg Neuausgabe, 3. Aufl. 1996, leicht verändert).

Sündenbekenntnis
Wie wenig wird an uns deutlich, Gott, wie du dir das Leben gedacht hast. Wir halten das, was wir kennen, für die Welt. Wir halten, das, was wir wissen, für die Wahrheit. Wir halten das, was wir tun, für gerechtfertigt. Wie wenig wird an uns deutlich deine Liebe, deine Weisheit, dein Verzeihen. Wie nötig, Gott, haben wir dein Erbarmen!

Gnadenzuspruch
Euch aber, die ihr meinen Namen achtet, soll aufgehen die Sonne der Gerechtigkeit und Heil unter ihren Flügeln. (Maleachi 3,20)

Fürbitten
Gott, du achtest alles Leben: Wo wir herkommen, wieviel wir haben, welche Sprache wir sprechen - das sind für dich keine wichtigen Unterschiede. Hilf uns, dir darin zu folgen und Menschen zu achten, weil du uns alle ins Leben gerufen hast. Gott, du schenkst alles Leben: Wir sehen, wie Kinder geboren werden, wie sie krabbeln und laufen lernen. Schenke den Kindern - und uns allen - Ziele, für die sich zu leben lohnt. Wir alle sind doch nicht, was wir sein können. Darum, Gott, weise uns den Weg dir entgegen. Für die Gemeinde Jesu Christi auf dieser Erde, Gott, bitten wir dich: daß wir erkennbar sind als Menschen, die deinen Namen ehren - mit beiden Füßen auf dem Boden der Wirklichkeit und mit einem Herzen, das den Himmel offen sieht.
Gott, du Liebhaber allen Lebens: Wir bitten dich um die Kraft, teilen zu können - mit Menschen, die keine Schuhe haben, kein Brot, keine Sprache. Dein Geist helfe uns, Gaben und Hoffnung zu teilen - im Namen Jesu Christi.

Vorschlag zur Predigt

Möglicher Anfang
»Wir brauchen unser Licht / nicht unter den Scheffel zu stellen, / sagt da einer. / Recht hat er, es / steht ja schon drunter / und daß es nicht leuchtet, / das sieht ja ein Blinder / mit dem Krückstock.« (L. Zenetti, Die wunderbare Zeitvermehrung, J. Pfeiffer Verlag, München ^{4}1994, Seite 22)
Mit diesen Worten kommentiert Lothar Zenetti das Bildwort Jesu vom Licht und dem Scheffel, dem Eimer. Jesus zeichnet dieses Bild in seiner Bergpredigt an die Jünger. So selbstverständlich wie man ein Licht anzündet, um die Umgebung zu erhellen, so selbstverständlich sollen die Jünger mit ihrem Leben ein leuchtendes Beispiel abgeben.
So eine Art Jüngergemeinschat möchten wir ja schon sein, sonst wären wir nicht hier heute morgen. Aber vermögen wir uns in dem »Ihr seid das Licht

der Welt« wiederzuerkennen? Oder zweifeln wir - wie Lothar Zenetti - an der Leuchtkraft von uns Christen und fühlen uns eher wie unter einen Eimer gestellt?
Vielleicht sollten wir die ganze Geschichte von hinten aufrollen, ich lese noch einmal im Evangelium nach: Verse 15,16. An dem, was wir Gutes tun in unserem Leben, soll man also ablesen können, woher wir die Kraft und die Phantasie dazu empfangen. Eben so, wie wir Menschen gewöhnt sind, Rückschlüsse zu ziehen. Wenn jemand ständig grantelt, seine Nachbarn drangsaliert und seine Familie tyrannisiert, werden wir den Eindruck gewinnen, sie oder er fahre im Leben auf dem falschen Gleis - vielleicht liegt's an einer dunklen Kinderstube, vielleicht an falschen Freunden.
Umgekehrt werden wir bei einem sympathischen und noblen Menschen auch positive Rückschlüsse auf Familie und Freunde ziehen, auf die Instanzen eben, die solche Qualitäten gefördert haben dürften.
Genauso, sagt Jesus, soll es bei Christen sein. Ihr Leben soll andere dazu einladen, Gott zu loben, weil Gott die Menschen offensichtlich zu Gutem anstiftet. Die- oder derjenige, der jetzt befürchtet, es immer dazusagen zu müssen, wenn er aus christlicher Überzeugung handelt, der sei beruhigt: Davon, daß wir unsere guten Taten auch kommentieren sollten, hat Jesus nichts gesagt.
Das also scheint ein Anhaltspunkt für uns Christen zu sein: ob unser Leben auf Gottes Güte und Gerechtigkeit hinweist. Tut es das? Wir haben unsere berechtigten Zweifel an vielen Stellen, wenn wir nur unser eigenes Leben anschauen. Aber auch wenn wir die Kirche in größeren Zusammenhängen betrachten, kommt uns sicher immer wieder der Text von Zenetti in den Sinn: Unser Licht steht allzu oft doch unter dem Scheffel. Wäre es nicht phantastisch, wenn es Kirche endlich einmal schaffen würde, wirklich und offensichtlich und für alle bemerkbar Salz der Erde und Licht der Welt zu sein? Wäre es nicht ideal, wenn wir die Schattenseiten einmal ausblenden könnten, das Machtgekungel in der Kirche, die Eitelkeiten, die Ängstlichkeit, die Bequemlichkeit? Wäre das nicht befreiend, lichtvolle innere Qualität auch äußerlich festmachen zu können?

Zum weiteren Verlauf
Hier werde ich kurz eingehen auf die Unmöglichkeit, sichtbare und und sichtbare Kirche zu trennen. Der Heilige Geist ist frei und weht, wo er will. Wo heute Eitelkeiten herrschen, kann sich morgen Gottes Gerechtigkeit Wege bahnen. Und wo heute barmherzig gehandelt wird, kann morgen die Selbstzufriedenheit einkehren.
Salz und Licht werden nun als indikativisches Leitbild zur Sprache kommen in unseren eigenen Zusammenhängen (siehe 2. homiletische Konsequenz). Beim Bild vom Salz denke ich etwa an die Patenschaften aus der Gemeinde für asylsuchende Jugendliche. Beim Bild vom Licht werde ich

auf die Feier des Sonntags und des Gottesdienstes eingehen - alternativ zu den vielen gleichförmigen Sommerfesten um uns herum. Salz statt Sand im Getriebe, Licht statt Lasershow.

Zu einer *Alternative im Zwischenteil* könnte ich mich anregen lassen durch Hiob 6,6: »Ißt man denn Fades, ohne es zu salzen?« Für spekulative Predigerinnen und Prediger nicht ohne Reiz: Was wäre uns die Welt und das eigene Leben ohne die Gemeinde Jesu Christi? (siehe dazu Gottesdienstpraxis A I 3, Gütersloh 1991, Kontext zum Stichwort Gute Werke, Seite 21). Eine andere Beleuchtung könnte erfolgen in Erinnerung an den 20. Juli 1944 und das Attentat auf Hitler.

Möglicher Schluß
Ich bin froh über die Ermutigung und Verheißung Jesu im heutigen Evangelium. Wenn wir auch viel Schatten und Fadheit in der Kirche wahrnehmen, so ist es umso notwendiger, daß er uns zutraut, Salz der Erde und Licht der Welt zu sein. Ich kann es ganz schlicht so sagen: Ich freue mich darüber. Gleichzeitig ist es eine phantastische Verheißung. Und Verheißungen, so möchte ich zum Schluß mit Martin Luther sagen, »Verheißungen werden nicht darum gegeben, daß wir dabei schnarchen, faulenzen und schlafen oder das tun sollen, was genau gegen die Verheißung ist; sondern wir sollen dabei arbeiten, wachsam sein und Frucht bringen.«

Kontexte

»... dein salz / das / uns retten / könnte / ruht in frieden / im / salzstreuer derer / die ruhe / und / schale suppen / lieben.«
(Max Koranyi, Quelle unbekannt)

»Salz der Erde ist Gottes Wort, es beißt, um zu reinigen, es straft, um zu heilen, es schilt, um zu retten, es tötet, um lebendig zu machen. Wer anders lehrt, der plappert seine Schmeichelreden daher, aber nicht das Evangelium.«
(Martin Luther, Wider Latomus, 1521)

Es zeigt sich, »daß man bereits Hunderte von Predigten und Bibelarbeiten gehört haben kann und doch in den elementaren Lebensvollzügen vor sich hinwuselt oder sich vom breiten Strom der Gesellschaft oder vom jeweils »Naheliegenden« treiben läßt. »Man lebt!« - Und wird gelebt. In Familie und Nachbarschaft, in Ehe und Ehelosigkeit, in Alltag und Sonntag, in Gesundheit und Krankheit. Jesus sagt dazu: »Wenn aber das Salz dumm geworden ist, womit soll man salzen?«
(Wolfgang Vorländer, Der Heilige Geist und die Kunst zu leben, Aussaat Verlag, Neukirchen-Vluyn, 1996[2])

9. Sonntag nach Trinitatis

Annäherungen an den Predigttext Matthäus 25,14–30

Christian Kollath

1. Eine wirklich spannende Geschichte, die kaum einen Zuhörer unberührt läßt – diese Erfahrung machte ich in allen Gruppen, in denen ich den Abschnitt vorstellte. Fast jede/r bezieht emotional Stellung. Diese Parteinahme kann sich durch Nachdenken und Diskutieren aber auch durchaus verändern. Die handelnden Personen reizen zur Identifikation bis hin zu spontanen Rollenspielen.
2. Die Wertung, mit der die Geschichte gehört und die Personen beurteilt werden, hängt von der Übersetzung und dem Verständnis der Wörter »bona« bzw. τὰ ὑπάρχοντα ab: Das Vorhandene, Bestehende, Habe, Vermögen, Güter, Besitztum, Macht, Gut, Hab und Gut, Geld, Fähigkeiten, Talente, Schätze, Verantwortung, Freude, Leben, Frohe Botschaft …
3. Für den esten Eindruck ist es eine eher abstoßende Geschichte. Bei den meisten HörerInnen bleibt ein diffuses Gefühl von Ungerechtigkeit und das Wort »Strafe« hängen: »Ungerecht; die ganze Geschichte ist ungerecht, vor allem, was mit dem Letzten geschieht.« – »Ich kann mir gar nicht vorstellen, daß diese Geschichte in der Bibel steht.«
4. Ich habe diesen Abschnitt u. a. vorgestellt in einer Gruppe ehrenamtlicher Mitarbeiterinnen in der Krankenhausseelsorge und in einer sehr großen Gruppe einer kirchlichen Begegnungsstätte für Menschen mit z. T. erheblichen (psychischen) Problemen. Auffallend war, daß sich fast alle mit dem 3. Knecht identifizierten. »Ich glaube, ich bin wie der letzte Knecht. Ich würde wohl nicht mehr daraus machen, aber würde auch nichts wegnehmen. Wenn ich dann bestraft werde, wäre ich am Boden zerstört.« Ein paar Personen wünschten sich, wie der Mittlere zu sein, aber niemand identifizierte sich mit dem 1. Knecht oder gar mit dem Herrn. (Vermutlich ist das im Kreise von Top-Managern anders.)
5. Den HörerInnen fielen Sprichwörter und Lebensweisheiten zu der Geschichte ein: »Der Teufel scheißt immer auf den größten Haufen.« (Dieser Spruch hört sich in den meisten Mundarten nicht ganz so drastisch an!) – »Wer zu spät kommt, den bestraft das Leben.« – »Mit der einen Hand gibt er, mit der anderen Hand nimmt er.« – »Ganz wie im richtigen Leben.« –

»Das ist wie in der Politik, aber Politik ist ein schmutziges Geschäft.«
»Wer riskiert, gewinnt. Der Zauderer kommt zu nichts.«
6. Eine Frau sagte: »Das ist eigentlich wie in der Kindererzierhung; wenn ich dem Kind viel zutraue, dann kann es auch eine Menge. Wenn ich aber sage, aus dir wird nichts, dann geht ihm auch vieles schief.« Andere führten diesen Gedanken weiter, vor allem mit »Zu-Sprüchen« aus der eigenen Kindheit. Es waren überwiegend negative und drohende, aber auch sehr ermutigende: »Paß auf, daß du nicht in der Gosse landest.« - »Das kannst du (noch) nicht.« - »Der liebe Gott sieht alles.« »Natürlich schaffst du das.« - »Schön, daß es dich gibt.«
7. Vor allem in der Einschätzung des 3. Knechts entzündeten sich Meinungsverschiedenheiten, Diskussionen und Streitgespräche. »Meine Sympathie« gehört dem bösen Knecht. Er hat den Herrn richtig eingeschätzt, er wehrt sich gegen den Herrn, er ist der eigentliche Gewinner in dieser Geschichte, er ist frei und mutig.« - »Der 3. Knecht ist faul und vor allem geizig.« - »Er ist ein Zauderer, der vor lauter Angst nichts zustande bringt.« - »Er hat sich nicht getraut, etwas zu tun, weil ihn sein eigenes Bild von seinem Herrn blockiert hat.« - »Die ersten beiden sind doch typische Kriecher, bestechlich, Marke Musterschüler. Der 3. hat Zivilcourage, hält stand und sagt seinem Herrn, was er von ihm hält.« - »Nein, die ersten beiden haben sich redlich bemüht. Und wenn ich einer von den beiden wäre, wäre ich auch sauer, wenn der 3. auch noch mitfeiern dürfte.« - »Der 3. tut mit irgendwie leid, und gleichzeitig macht er mich auch ärgerlich. Denn es stimmt ja, man muß auch selber etwas tun, um voranzukommen. Wenn das so eine Aufforderung zur Eigenverantwortung sein soll, dann gefällt mir das.« - »Ach, ich finde, der 3. ist schon in Ordnung. Der ist bescheiden, vielleicht ein bißchen bange, aber in Ordnung.« - »Nein, ich finde das nicht in Ordnung, wenn man seine Fähigkeiten, seine Begabungen und Talente vergräbt. Das stimmt schon, dann geht's in die Hölle, dann lebe ich schon jetzt in der Hölle.« - »Der 3. hat nicht betrogen, nichts verloren, was wollt ihr eigentlich?« - »Ich möchte nicht der Letzte sein, vielleicht der Mittlere.«
8. »Wie war eigentlich der Auftrag zu Anfang? War der klar? Sollte es ausschließlich um ›Geldvermehrung‹ gehen? Ist das der einzige Wert, den es gibt? Gelten andere Fähigkeiten nichts?«
9. Über diesen Fragen verbündeten sich die Streitenden dann wieder in ihrem gemeinsamen Zorn auf den Herrn: »Den Profit macht nur der Herr.« - »Der Herr hat total die Macht, das macht mich richtig wütend.« - »Der Herr sahnt ab, mir fallen da Baulöwen ein, die ich wirklich verachte.« - »Mich stört, mich empört richtig, daß der Herr am Schluß alles kassiert, selbst den Gewinn, den die anderen erarbeitet haben.«
10. Wie gesagt, eine spannende Geschichte, die viele unterschiedliche Emotionen freisetzt, je nach dem, wie man das Wort »Vermögen« versteht und füllt. So bietet die Geschichte trotz erheblicher Abwehr auch

eine Reihe von Anknüpfungspunkten an, etwa das Lebensgefühl, wenn man »seine Begabungen vergräbt«, die für die Predigtarbeit gut zu nutzen sind.

Zum Gottesdienst

Birgit Brügge-Lauterjung

Exegetisch-homiletische Skizze

Das Gleichnis hat verschiedene Aspekte, die durch ihre jeweilige Wirkungsgeschichte zum Teil noch verstärkt wurden: unter wirtschaftsethischem Gesichtspunkt geht es um den Gedanken der Zugewinnorientierung; A. Jülicher sah darin ein Lob von Erwerbsfleiß und Geschäftssinn. So gesehen beschreibt das Gleichnis eine unausweichliche und beängstigende wirtschaftliche Gegebenheit: Die Armen werden immer ärmer, die Reichen immer reicher. J. Jeremias erkennt in diesem Gleichnis theologisch eine Bezugnahme auf die Schriftgelehrten und ihren Umgang mit Gottes Wort. Es handele sich um ein Krisisgleichnis, das das Volk und seine Führer angesichts des Ernstes der Stunde aufrütteln will. Betrachtet man das Gleichnis mit E. Drewermann unter psychotherapeutischem Aspekt, so läßt es sich zurückführen auf den menschlichen Grundkonflikt, sich im Vergleich zu anderen als zu gering einzuschätzen. Die psychologischen Mechanismen sowie die innere Konsequenz eines solchen Denkens und Verhaltens werden im Gleichnis beschrieben.
Mit welchem Vorverständnis bzw. mit welchem ersten Eindruck ist bei den Hörerinnen und Hörern des Predigttextes zu rechnen? Den »Annäherungen« ist zu entnehmen, daß dieses Gleichnis in seiner Härte und Kompromißlosigkeit zunächst eher abstoßend wirkt. Der Herr erscheint als unbarmherzig und ungerecht. Egal für welche Gleichnisdeutung auch immer ich mich entscheide - ich werde diesen ersten Eindruck aufgreifen müssen.
Für mich ist mit diesem Gleichnis theologisch die Frage nach dem Verhältnis von Gesetz und Evangelium gestellt. Enthält dieser Predigttext überhaupt eine gute Nachricht? Und wenn ja: für wen? Mit der jeweiligen Deutung des Gleichnisses befördere ich sehr unterschiedliche Gottesbilder - auch ohne die allegorische Deutung des Herrn als Gott; Gott erscheint als Unternehmer, als Ausbeuter, als Strafrichter oder als Seelsorger.
Ich entscheide mich dafür, in der Predigt den Ausführungen Drewermanns zu folgen, der in dem Gleichnis die Behandlung eines Urproblems der Menschheit sieht. Was ist der Bezugspunkt meines menschlichen Selbst-

verständnisses? Der Vergleich mit anderen, das daraus resultierende Minderwertigkeitsgefühl, das einhergeht mit einer übermäßigen Sicherungstendenz, führt unweigerlich in den Teufelskreis der Angst, einer Angst, die freies, glückliches Leben unmöglich macht. Ich möchte den Gedanken des Zutrauens, des Vertrauensvorschusses des Herrn hervorheben - den Vorrang des Zuspruchs vor dem Anspruch des Evangeliums. Der Herr im Gleichnis setzt Vertrauen auf seine Leute, ohne sie dabei zu überfordern. Das allein ist der Bezugspunkt für menschliches Selbstvertrauen, das sich damit allein auf die Möglichkeiten der eigenen Person bezieht (Drewermann: »Appell zur Selbstfindung von Gott her«).
Ein wichtiger Schritt auf dem Weg zu einer psychotherapeutischen Auslegung des Gleichnisses besteht in der Ausnutzung der semantischen Doppeldeutigkeit der im Gleichnis verwendeten Finanzsprache. Bei der Auswahl der Bibelübersetzung ist darauf zu achten, daß der Begriff talanta in einer doppeldeutigen Version übersetzt ist (nicht wie bei Luther: »Zentner«), um von vornherein für die anthropologische Deutung offen zu sein.

Vorschläge zur Liturgie

Eingangspsalm
Psalm 8

Kyriegebet

Manchmal
macht das Leben Spaß.
Ich freue mich
an den Menschen, die um mich sind,
ich freue mich
an meinem eigenen Dasein,
ich bin froh,
daß es dich gibt, Gott.
Ich traue mir etwas zu
und mein Leben gelingt.

Manchmal
bin ich unzufrieden
und traurig über mich selbst.
Es begegnen mir nur Menschen,
die besser sind als ich:
schöner, klüger, erfolgreicher.
Und du, Gott, bist einfach nicht da.
Nutzlos und klein fühle ich mich,
und es gelingt mir nichts.
Am liebsten würde ich mich vergraben.

oder:

Wenn
kein Blick,
kein Lachen,
keine Atmung mehr erzählen
von unserer Hoffnung auf Leben;

wenn
kein Bild,
kein Wort,
keine Erinnerung mehr erzählen
von unserem Erfülltsein mit Leben:

wenn
unsere Augen,
unsere Münder,
unsere Herzen
lebendig tot sind,
dann bitten wir:
Christus, erbarme dich!

(aus: Heidi Rosenstock/Hanne Köhler, Du Gott, Freundin der Menschen. Neue Texte und Lieder für Andacht und Gottesdienst, Stuttgart 1991, Seite 51).

Gnadenzusage
Ob wir uns klein und schwach fühlen
oder ob es uns gut geht und alles gelingt –
über uns ist gesagt:
»Seht, welch große Liebe uns Gott geschenkt hat,
daß wir Gottes Kinder heißen und es auch sind.«
1. Johannes 3,1

Kollektengebet
Mein Gott,
laß mich sehen,
wozu ich da bin,
laß mich hören,
wohin du mich rufst,
laß mich erleben,
was Liebe vermag,
laß mich spüren,
was mich bewegen kann,
mit Händen und Füßen,
mit Haut und Haaren,
mit allem, was ich bin,
laß mich erleben,
daß ich lebe.
(Wolfgang Armbrüster, Laß mich sehen, wozu ich da bin. Meditationen für junge Leute, Burckhardthaus – Laetare Verlag, Offenbach 1985)

Schriftlesung
1. Petrus 4,10+11: Die guten Haushalter der mancherlei Gnade Gottes

Schlußgebet
Guter Gott,
belebe in uns
die verborgenen Kräfte,
die du in einen jeden von uns
gelegt hast,
damit wir unser Leben gestalten können.

Gott,
stärke in uns
das Vertrauen,
daß du es gut mit uns meinst,
damit wir uns selbst und dem anderen
etwas zutrauen.

Gott,
wecke in uns
die Talente,
die du uns mitgegeben hast,
damit sie uns und anderen
zum Segen werden.

Guter Gott,
laß uns unser Vermögen zum Einsatz bringen,
mit unseren Talenten wuchern,
mit unseren Gaben großzügig sein –
zu deiner Ehre,
zum Nutzen aller
und zu unserer eigenen Lebensfreude.

Liedvorschläge
EG 262 »Sonne der Gerechtigkeit«; EG 352 »Alles ist an Gottes Segen«; EG 494 »In Gottes Namen fang ich an«; Mein Liederbuch, B 14 »Herr, deine Liebe«, B 104 »Steh mit mir auf«; Halleluja, Nr. 10 »Meine engen Grenzen«.

Vorschlag zur Predigt

Möglicher Anfang
Das ist ja wie im richtigen Leben ...
Wer hat, dem wird gegeben. Wo schon ein Haufen ist, da wird noch einer draufgesch ... Und: Wer nicht wagt, der nicht gewinnt. Von nichts kommt schließlich nichts. Ein krasses Beispiel aus dem Alltag der Finanzwelt wird uns vor Augen geführt. Um Geldanlagen, Spekulationen, Zinssätze, Börsengeschäfte geht es.
Der wohlhabende Herr geht auf Reisen und vertraut seinen drei Angestellten Vermögensanteile an mit dem Auftrag, Gewinn zu erwirtschaften. Zwei von ihnen sind clever, machen Geld mit dem Geld und erzielen einen 100%igen Gewinn. Der dritte traut sich nicht, so gewagt zu spekulieren; er bringt das Geld in Sicherheit.
Bei der Rückkehr des Herrn präsentieren die beiden ersten eine satte Erfolgsmeldung und sind damit reif zur Beförderung. Der ängstliche Mann dagegen bekommt eine harte Strafpredigt zu hören und muß das Geld abge-

ben an den Erfolgreichsten. Wer hat, dem wird gegeben! - so lautet die Devise des Chefs.
Und dieses Wort benutzen heute noch Leute, die gar nicht mehr wissen, daß es aus der Bibel stammt. Die Reichen sagen das augenzwinkernd; die Armen eher bitter, weil sie das als unbarmherziges, aber wahres Prinzip erleben, an dem nicht zu rütteln ist. Kein Wunder, daß viele sich ärgern, daß eine solche Geschichte in der Bibel steht. Was ist das für ein Herr, der hier handelt? Ja, was ist das für ein Gott, der so reagiert? Mit dem Gott der kleinen Leute, den die Bibel sonst darstellt, hat dieser Ausbeuter nichts gemein. Im Mittelpunkt der Geschichte stehen allerdings weder der Herr, noch die beiden Erfolgreichen. Der dritte Knecht ist das Thema. Die anderen können sich ganz gut selber helfen.
Und vielleicht ist es so ja doch eine Geschichte für »kleine Leute« - für nicht nur in finanzieller Hinsicht »kleine Leute«.

Zum weiteren Verlauf
1. Was wurde den Angestellten denn anvertraut? Talente. Natürlich ist damit zuallererst eine Münzeinheit, noch dazu eine hohe, gemeint. Talent, Vermögen, Gabe, Anlage sind allerdings Begriffe, die neben der materiellen auch eine ideelle Bedeutung haben. Wir kennen diese Begriffe nicht nur aus der Welt der Finanzen.
Ersetzung der materiellen durch die anthropologische Bedeutung der Begriffe, um der Aussage des Gleichnisses auf die Spur zu kommen: Talent als »besondere Begabung«; vergleichbar doppelsinnig: »das Vermögen«.
2. Der dritte Knecht vergräbt sein Vermögen, seine Begabung, sein Talent. Warum? - Er hat schlichtweg Angst. Und diese Angst veranlaßt ihn dazu, alles, was er besitzt, nur zu bewahren und festzuhalten, anstatt es einzusetzen und zu riskieren.
Ein bißchen kann ich den dritten Knecht verstehen. Er tut ja schließlich nichts Unrechtes. Er nimmt nichts weg von dem Vermögen; er bringt es lediglich in Sicherheit. Wer sich nicht allzu gut auskennt in Sachen Talente, wer nicht allzu selbstbewußt ist, der kann gut nachempfinden, warum der Mann so handelt. Er traut sich halt nichts zu. Ein ängstlicher Mensch.
Leid tun kann er einem, denn: Wer seine Talente so vergräbt, wer so handelt bzw. unfähig ist zu handeln wie der dritte Knecht, ist ein armes, in sich verkrümmtes Wesen.
3. Um so überraschender ist die Schuldzuweisung des dritten Knechtes an den Herrn! Oder ist das gar nicht so erstaunlich? - Wer sich selbst nichts zutraut, der sieht immer wieder bewundernd auf andere.
Beschreibung des Zusammenhangs von Minderwertigkeitsgefühl und dem Zwang, sich mit anderen zu vergleichen: Andere haben reichere Eltern, haben anderen Umgang gelernt, bessere Ausbildungschancen, stabilere Gesundheit, schöneres Aussehen - und sind dadurch von vornherein im Vorteil.

Mit der Beobachtung solch kleiner Unterschiede fängt alles an; später, in der Summe, verbauen sie mir meine Lebensmöglichkeiten. Ich fühle mich benachteiligt durch die schlechteren Startbedingungen. Schuld hat allein das Schicksal. Und daran kann ich nichts ändern. Besser, ich verberge mich, verhalte mich unauffällig, warte ab. Vielleicht komme ich ja unbemerkt durch. Ich mache mich ganz klein. Hoffentlich falle ich niemandem auf. Diese Angst bestimmt fortan mein Leben.

4. Damit habe ich mich endgültig hineinmanövriert in den Teufelskreis der Angst. Die Angst ist der größte Feind des Lebens. Ich klage vor mich hin, beklage die Ungerechtigkeit des Lebens und am Ende habe ich damit das Leben selbst begraben. Das ist die Strafe: Wer nicht hat, dem wird auch das noch genommen, was er hat.

Das Gericht möchte ich an dieser Stelle als innere Konsequenz dieses Verhaltens beschreiben.

5. Was ist dagegen zu tun? Kann man überhaupt etwas dagegen tun? - Das Gleichnis selbst zeigt nur die drohende Konsequenz eines solchen Angstverhaltens auf. Doch gehen wir noch einmal zurück zum Ausgangspunkt!

6. Hintergrund der ganzen Erzählung ist das Vertrauen des Herrn. Er vertraut den Knechten das Vermögen an, will sagen: Er traut ihnen allen zu, daß sie mit ihren Talenten wuchern können, daß sie ihr Vermögen einsetzen. Er gibt jedem einzelnen zu verstehen: Nutze die Möglichkeiten, die dir gegeben sind!

Für die positive Wirkung von Zuspruch und Zutrauen kann ein Beispiel aus der Kindererziehung angeführt werden (siehe dazu »Annäherung«).

7. Wohlgemerkt: die Möglichkeiten, die *dir* gegeben sind!

In diesem Gleichnis wird der Blick auf mich selbst und mein Vermögen gelenkt. Würde der Knecht, statt auf die anderen zu schielen, sich auf sein Talent und auf das Zutrauen seines Herrn beziehen, könnte er die Chance seines Lebens nutzen.

Hinweis auf das Verhältnis von anvertrauter Gabe und erwirtschaftetem Gewinn: 5+5, 2+2, 1+1 - also keine Überforderung! Jeder nach seinem Vermögen. Hier kann, wer mag, das kurze Wort von Rabbi Sussja (siehe Kontexte) einbringen.

Es ist meine Aufgabe, mein Leben mit den mir gegebenen Möglichkeiten zu leben und keine einzige meiner Fähigkeiten brach liegen zu lassen. Was andere tun und machen und haben, spielt dabei nicht die geringste Rolle.

8. Prüfe doch jeder einmal für sich, wo seine Begabungen liegen! Setzen Sie sich doch zuhause einmal hin und schreiben fünf Dinge auf, die Sie gut können. Ich weiß aus eigener Erfahrung, wie schwer das ist. Aber es ist auch heilsam, will man seine Talente nicht auch immer wieder neu vergraben.

9. Gott traut dir etwas zu, warum solltest du es dir selbst nicht zutrauen? Mit welchem Selbstbewußtsein ich mein vielleicht kleines Vermögen einsetzen und damit zum Gelingen des Ganzen beitragen kann, zeigt auf anschauliche Weise das Märchen vom Kolibri (siehe Kontexte).

Möglicher Schluß

Das Leben ist ein Wagnis. Vom ersten Tag an. Ein Leben ohne Risiko, ein Dasein eingehüllt in äußerste Sicherheitsmaßnahmen, ist kein Leben. Doch getragen ist das Wagnis des Lebens vom Zutrauen Gottes. Und dieses Zutrauen kann mich beflügeln zu einem reichen und glücklichen Leben. Gott verlangt nicht zuviel von uns - aber auch nicht zu wenig! Jedem von uns hat er einen Haufen Talente mitgegeben - ein Haufen, auf den noch viel draufkommen kann. Wenn, ja, wenn wir es wagen, unsere Talente einzusetzen. Denn: Wer wagt, der wird auch gewinnen!

Kontexte

Vor dem Ende sprach Rabbi Sussja: »In der kommenden Welt wird man mich nicht fragen: ›Warum bist du nicht Mose gewesen?‹ Man wird mich fragen: ›Warum bist du nicht Sussja gewesen?‹
(Martin Buber, Die Erzählungen der Chassidim, Manesse Verlag, Zürich 1949, Seite 394)

Mit den Augen Gottes betrachtet, brauchst du nur zu sein, was du bist, nur zu tun, was du kannst, nur zu vollenden, was in dir angelegt ist. Das erste und schlimmste Unrecht in deinem Leben fügst du dir selbst zu, wenn du dich nach dem Maßstab anderer mißt und dann dem Himmel vorwirfst, daß er dich nicht so geschaffen hat wie die anderen.
(Eugen Drewermann, Das Matthäusevangelium, Dritter Teil: Mt 20,20–28,20, Bilder der Erfüllung, © Walter-Verlag AG, Zürich und Düsseldorf 1995, Seite 219).

jeder mensch / wird als original / geboren, / aber die meisten / sterben als kopie.
(Zukunft wagen. Neue Texte und Gebete für junge Menschen, hg. von Dietmar Rost und Joseph Machalke, Gütersloher Verlagshaus, Gütersloh, 4. Aufl. 1994, Seite 5).

Es war einmal ein großer Fluß, an dessen Ufern sich ein riesiger Wald ausdehnte. In diesem Wald lebten unzählige Tiere: Elefanten, Löwen, Vögel, Affen und noch viele mehr. Doch eines Tages brach im Wald ein Feuer aus. Die Tiere hatten Angst, daß ihre Wohnungen und Nistplätze zerstört werden könnten und waren verzweifelt. Nur ein kleiner Kolibri ließ den Kopf nicht hängen, sondern flog zum Fluß, holte einen Schnabel voll Wasser und ließ diesen kleinen Wassertropfen über dem brennenden Wald fallen. Die großen Tiere lachten ihn aus. Was wollte dieser kleine Kerl schon ausrichten? Der Kolibri antwortete nur: Ich leiste meinen Teil. Nun seid ihr dran!
(Das Märchen vom Kolibri, nach Adriano Martins, Brasilien; Misereor-Fastenkalender 1996, 27. Februar)

WAS ICH BRAUCHE

Brauche ich Gott? / Ich brauche Menschen, / deren Mut / den meinen weckt. / Ich brauche Menschen, / deren Mut mir zuruft, / daß Gott mich braucht. / Auch mich.

(Kurt Marti, Ungrund Liebe. Klagen, Wünsche, Lieder, 2. Aufl., Kreuz Verlag, Stuttgart 1989, Seite 35).

Wer gerne mit einem Bilderbuch arbeitet und die Möglichkeit dazu hat:
Mira Lobe, Das kleine ich bin ich, 8. Aufl., Wien/München 1982.

10. Sonntag nach Trinitatis

Annäherungen an den Predigttext Lukas 19,41–48

Albert Damblon

Unser Gesprächskreis – bestehend aus Peter Brüggen, Ursel Doffek, Bärbel Platzer, Werner Schaffrath, Christa Seltmann und Brigitte Stroepen – hatte sich wieder einmal getroffen. Während wir normalerweise Themen besprechen, die aktuell »in der Luft liegen«, schlug ich dieses Mal vor, eine Schriftstelle zu besprechen. Schließlich drängte der Redaktionstermin für die »Gottesdienstpraxis«. Keiner sträubte sich, alle stiegen sofort in die Diskussion ein, nachdem ich den Text vorgelesen und als Fotokopie verteilt hatte.
Werner ist verwirrt: Von wem wird überhaupt gesprochen? Wer ist dieses »Du« in den Anfangsversen? Wer sind die Kinder? Er ließ sich schnell aufklären, daß Jesus zu den Einwohnern Jerusalems spricht. Dabei packt er ihre Kinder als die nachfolgende Generation sofort mit in seine Rede. Kinder, das sind die Nachkommen, die also, die danach kommen werden, meint Bärbel. Jesus erwartet das Kommende, er spricht von einem Tag X für Jerusalem. Wie ein Prophet sieht er in die Zukunft und weiß um die Zerstörung der Heiligen Stadt. Zerstörung, Unfriede, Krieg – die Assoziationen provozieren im Kreis viele Fragen, die nur so heraussprudeln. Welcher Tag des Erkennens ist gemeint? Welchen Frieden hätte Jerusalem bekommen? Warum sollten die Einwohner dieser Stadt erkennen? Was ist eine Zeit der Gnade? Es sind zu viele Fragen auf einmal. Deshalb schweigen wir zunächst. Ohne daß es uns unangenehm ist, halten wir die Stille aus. Aber danach geht es richtig weiter.
Peter: Für mich war die Stadt Jerusalem damals verludert. Die Moral war auf den Hund gekommen. Da brauche ich nicht lange auszuholen, das kennen wir doch von heute. Peter, es war schon einmal schlimmer mit der Moral, wirft Christa ein. Peter beharrt darauf, daß unsere ganze Gesellschaft mehr und mehr verludert. Und diese Luder haben sich ganz wild im Tempel benommen. Bärbel meldet sich. Es ist alles eine Frage des Geldes, damals und heute. Die Hohenpriester machten Geschäfte, oder sie sahnten zumindest bei den Geschäften der Tempelhändler ab. Das normale Volk, das den Tempelbetrieb mittrug, bekam von dem Geldsegen nichts ab. Das war schon immer so, ereifert sich Werner, das arme Volk wird unterdrückt,

während es denen da oben gut geht. Heute ist der Graben nicht mehr ganz so tief, weil unsere Gesellschaft einen breiten Mittelstand kennt. Aber in den unterentwickelten Gesellschaften? Das Gespräch läuft, ich kann gar nicht mehr verfolgen, wer etwas sagt. Die Tempelhändler machten Geschäfte im Tempel, damit den Menschen das Tempelopfer erleichtert wurde. Auf ihrer Wallfahrt zum Tempel brauchten sie keine Opfertiere mitzuschleppen. Aber wahrscheinlich kannten sie den ursprünglichen Sinn der Tempelgeschäfte gar nicht mehr, weil sie zu Profitunternehmen verkommen waren. Geld ist Macht, und diese Macht hat Jesus umgebracht. Doch zunächst hatten die Mächtigen Angst vor Jesus, denn sie sahen, wie er das Volk ernst nahm. Während sie den Glauben des Volkes für ihre Geschäfte ausnutzten, machte Jesus ihm Mut, sich nicht mit den bestehenden Verhältnissen abzugeben. Weil sie Jesus kannten, trauten sich die Leute, aufzumucken. Klar, den Hohenpriestern fuhr ein gehöriger Schreck durch die Glieder. Jetzt wird unser Kreis sehr ernst. Jesus Christus ist gestorben, und die gesellschaftlichen Zustände haben sich bis heute nicht geändert. Bis heute zählen Macht und Geld. Bis heute hat der einzelne keine Chance. Einige meinen, Christus sei Realist gewesen. Er habe gewußt, daß sich nichts ändert. Trotzdem wollte er den Menschen Mut machen, zu leben. Durch den Mut, den die Menschen erhielten, hat er ihnen geholfen. Natürlich gefährdet der mutige Mensch sich selber, wie das Leben und Sterben Jesu gezeigt hat. Ursel rutscht hin und her. Christus sammelte um sich eine große Anhängerschar, das macht Mut. Zusammen sind wir stark. Es bleibt die Frage, wie sich der einzelne in der Masse fühlt. Auf jeden Fall hat Jesus nicht nur die Hohenpriester beunruhigt, sondern auch alle die, die ihm nachgefolgt sind. Für Petrus war das ruhige Leben zu Ende, als er Jesus kennengelernt hatte. Wie er wurde der Jünger gekreuzigt. Nein, Jesus predigte nicht, Ruhe und Ordnung sei die erste Bürgerpflicht. Es ging ihm nicht um Reichtum und Ruhm. Das Seelenheil des Menschen lag ihm am Herzen. Der Heiland hat nicht mit Geld um sich geworfen, er hat mit guten Worten um sich geschmissen. Peter stört sich noch an dem Vers: Wenn du doch erkannt hättest. Hätten sie überhaupt erkennen können? Brigitte führt das Gespräch zurück an den Anfang. Was hätten sie erkennen können? Das, was Frieden bringt, was gut ist?
Böse sein ist doch viel einfacher als gut sein. Die Behauptung sitzt. Der gute Mensch gibt immer nach. Er überlegt viel zu lange, bis er vielleicht einmal böse wird. Zwei Männer streiten sich. Während der gute sich noch überlegt, ob er schlagen soll, hat der böse bereits zugeschlagen. Das Böse ist in der Welt brutaler, schneller, schlagkräftiger.
Plötzlich sprechen wir über die Schriftgelehrten. Hat das Gespräch überhaupt noch einen »roten Faden«? Die Schriftgelehrten standen auf der Seite der Hohenpriester, mit dem Volk hatten sie kaum Berührungspunkte. Wir lassen in ihrem Titel »Schrift« weg. Sofort erkennen wir, daß »Gelehrte« aus gutem Hause stammen und Geld besitzen müssen, um zu

studieren. Es waren die studierten, »feinen Pinkel«. Widerspruch: Große Gelehrte sind doch keine versauten Menschen. Wir kommen noch einmal auf die Händler und ihren Geschäftszweck zu sprechen. Wie schon gesagt, ihr Handel erleichterte den Juden, zum Tempel nach Jerusalem zu wallfahren. Aber die Geschäftsleute hatten sich so tief in die Geschäftemacherei verstrickt, daß das Geldverdienen und nicht die Hilfe für den Menschen im Vordergrund stand. Wer so auf das Geld aus ist, kann nicht mehr erkennen, was den Frieden bringt. Der Tempel als Markthalle lügt: er nennt sich Haus des Gebetes und ist eine Räuberhöhle. Um der Wahrheit zu ihrem Recht zu verhelfen, räumt Jesus auf. Auf diese Weise hilft er den Menschen, im Tempel wieder beten zu können. Uns fällt auf, daß die Händler sich aus dem Tempel treiben lassen. Hat Jesus ihr schlechtes Gewissen getroffen? Ist Jesus den Händlern und Schriftgelehrten geistig überlegen? Oder hatte er genug Volk hinter sich, um den Aufstand zu wagen? Wir wissen es nicht. Auf jeden Fall werden auch die Hohenpriester und Schriftgelehrten Angst bekommen haben. Denn sie sahen ihre Felle davon schwimmen. Eine sprudelnde Geldquelle versiegte. Schließlich bezahlten die Händler Standgeld, oder vielleicht sogar Schmiergeld?
Der Abschluß des Gespräches ist enttäuschend. Vielleicht weiß die Predigt eine Antwort. Ich erinnere mich nicht mehr, wer die Frage stellt. Was ist nun an der Geschichte Frohe Botschaft? Ich finde nichts, was mich froh macht.

Zum Gottesdienst

Ulf Schlüter

Exegetisch-homiletische Skizze

Der Kasus: Israelsonntag

»Auch andere Anlässe«, empfiehlt die Lutherische Liturgische Konferenz in der Perikopenordnung, »sollen diesem Sonntag nicht vorgezogen werden, der in besonderer Weise Israel zum Thema hat.« Das »Gedächtnis der Zerstörung Jerusalems« also steht nach der Ordnung des Kirchenjahres im Mittelpunkt des Gottesdienstes am 10. Sonntag nach Trinitatis. Ein klar beschriebener Kasus, dem gleichwohl bald jegliche Verankerung im Bewußtsein der volkskirchlichen Gottesdienstbesucher fehlt – von ganz wenigen Ausnahmen abgesehen. In unserem Kontext naheliegender wäre eine akzentuierte Auseinandersetzung mit dem vorgegebenen Thema etwa in zeitlicher Nähe zum »Gedenktag für die Opfer des Nationalsozialismus« (27.01.), dem Gedächtnis der Reichspogromnacht (09.11.) oder am Buß- und Bettag.

Ein Kasus also, der - aus der Perspektive der Gemeinde - keiner ist. Und zugleich ein Gedenken, das unmittelbar an ganz andere Vorfälle aus der jüngeren Vergangenheit gemahnt. Beide Umstände implizieren zunächst je für sich und auf eigene Weise eine grundsätzliche Verschlossenheit der Gottesdienstbesucherinnen und -besucher für das »Thema des Tages«.

Die Perikope: Unheilsprophetie gegen Jerusalem und Vertreibung der Tempelhändler

Die vorgesehene Perikope verbindet - auf m. E. problematische Weise (s. u.) - zwei Erzählabschnitte: Die Klage über Jerusalem, die Lukas unmittelbar an den triumphalen Einzug Jesu und die daran geäußerte Kritik der Pharisäer anschließt sowie die - von Lukas im Vergleich zur markinischen Vorlage (Mk 11,15 f.) deutlich verknappte - Schilderung der »Tempelreinigung« mitsamt dem abschließenden Hinweis auf die Tötungsabsichten der Hohenpriester und Schriftgelehrten.
Exegetisch bleibt zunächst festzuhalten: Die Klage Jesu über Jerusalem sowie die damit verbundene Ankündigung kommenden Unheils (Verse 41–44) haben dem Text zufolge ihren Grund ausschließlich im Nicht-Erkennen des messianischen Königs, der da kommt und den Frieden bringt (vgl. den Lobpreis der »Menge der Jünger« beim Einzug in Vers 38 unter Rekurs auf den Lobgesang der »Menge der himmlischen Heerscharen« in Lukas 2,14). Lukas, der historisch auf die Zerstörung der Stadt und des Tempels zurückblickt, deutet das Geschick Jerusalems als unheilvolle Folge der Ablehnung Jesu und der frühchristlichen Verkündigung. M. a. W.: Weil, so der Evangelist, Israel blind gewesen ist für den »Besuch Gottes« (Vers 44: »Heimsuchung«, vgl. Lukas 7,16!), konnte am Ende nur der Untergang stehen.
Ist damit das Motiv der Klage in den Versen 41–44 beschrieben, bleibt ferner festzustellen: Auch die in Vers 47 referierte Tötungsabsicht der Hohenpriester, Schriftgelehrten und sonstigen Respektspersonen geht nicht etwa auf die Austreibung der Tempelhändler, sondern auf die »täglich im Tempel« vorgetragenen Lehre Jesu zurück.
Das aber heißt: Die »Tempelreinigung« (Verse 45 und 46) hat mit der Unheilsprophetie Jesu nichts zu tun - und wenig auch mit den gegen ihn gerichteten Liquidierungsplänen der Repräsentanten Jerusalems.

»Tempelreinigung« und Unheilsprophetie gegen Jerusalem: eine höchst problematische Verbindung

Daß Lukas die Zerstörung Jerusalems und des Tempels 70 n. Chr. in einen kausalen Zusammenhang bringt mit der Ablehnung Jesu und der frühchristlichen Verkündigung, ist aus seiner historischen Situation heraus zumindest nachvollziehbar. Es entspricht darüberhinaus seinem Konzept, daß die Botschaft des Heils von Jerusalem ausgehend (!) in der ganzen Welt gehört und angenommen wird. Wirkungsgeschichtlich hat sich diese Deu-

tung der Zerstörung Jerusalems niedergeschlagen in einem triumphalistisch sich gebärdenden christlichen Antijudaismus. Dieser wiederum speiste sich über Jahrhunderte hinweg nicht zuletzt auch aus dem (in sich natürlich bereits absurden) Vorwurf: »Die Juden tragen die Schuld am Tod des Heilands.« Eine Vorstellung, die ja vor allem auch in der lukanischen Variante der Passionsgeschichte wurzelt. Über Jahrhunderte hinweg hat sie zur Legitimation grausamer Judenpogrome gedient.
Wenn also in Vers 47 die Pläne der jüdischen Repräsentanten, Jesus zu beseitigen, gleichsam in einem Atemzug genannt werden mit dessen Ankündigung des über Jerusalem kommenden Unheils, bewegen wir uns – ob wir wollen oder nicht – im Dunstkreis der alten antijudaistischen Überzeugung: »Die Juden sind selbst schuld am eigenen Unglück.«
Vollends problematisch wird es dann durch die in unserer Perikope vorgenommene Verknüpfung von »Klage über Jerusalem« und »Austreibung der Tempelhändler«. Denn die bei Lukas auf das knappste zusammengestrichene Erzählung von der »Tempelreinigung« entfaltet durch die ihr innewohnende Plastizität und Dynamik bei den Hörern ganz von allein erhebliche Wirkung (vgl. das in den »Annäherungen« wiedergegebene Gespräch). Sofort sind sie da: die Themen »Geld«, »Handel«, »Macht«, »Moral«, »Habgier«, »Krumme Geschäfte«. Sie drängen sich in den Vordergrund, und schon erscheint es offensichtlich, warum die Stadt »verludert« und also auch dem Untergang geweiht sein muß (vgl. »Annäherungen«).
Seine besondere Brisanz erhält dieser (Fehl-)Schluß nun natürlich dadurch, daß die Stadt Jerusalem heißt und die dort im Tempel Handelnden Juden sind. Damit nämlich steht sofort – ob wir wollen oder nicht – der von Antijudaismus und Antisemitismus mit großer Wirkung beschworene Mythos des feilschenden, wucherischen, habgierigen Juden im Raum. Der Mythos des Juden, dessen Habsucht ihn am Ende selbst ins Unglück stürzt, und sei es so, daß sie die anderen »zur Notwehr zwingt«.
Meine Behauptung: gerade dieses antisemitische Ressentiment ist – auch nach 1945 und bis heute – in den Köpfen lebendiger als jedes andere. Bis vor kurzem jedenfalls für 50 Jahre kaum je offen artikuliert, begegnet es doch immer wieder – mehr oder weniger subtil. In Äußerungen etwa, »daß die Juden es doch auch übertrieben« und »beinahe ja alles in ihren Händen« gehabt hätten. Oder wenn die Rede auf oft längst vergessene und überdies bescheidene Reparationszahlungen der Bundesrepublik Deutschland an den Staat Israel kommt. Bis hin zu den Stammtisch-Parolen, nach denen – wo vom »internationalen Finanzjudentum« zu reden man sich nicht recht traut – »das amerikanische Judentum mit seinem Einfluß« letztlich doch die Weltpolitik kontrolliere. Das Bild des feilschenden und geradezu geschäftsbesessenen Juden gehört zum tief verankerten und uralten Repertoire des Antisemitismus. Meine Behauptung ist: Als latent oder offen vorhandenes Ressentiment ist es auch bei Gottesdienstbesucherinnen und -besuchern in jedem Fall vorauszusetzen.

Ich gehe deshalb davon aus, daß die Perikope mit ihrer Verknüpfung von Unheilansage gegen Jerusalem und Austreibung der Tempelhändler geeignet ist, gerade dieses Ressentiment zu aktivieren. Dem Mißverständnis, es werde hier mit der Vollmacht Jesu bestätigt und sozusagen biblisch überhöht, kann m. E. nur dann vorgebeugt werden, wenn eben dieser Fehlschluß zum Thema gemacht wird.

Jesus, der Jude, weint über Jerusalem

Was der Jude Jesus über Jerusalem äußert, ist eben kein Ressentiment, kein heimlicher, stiller Groll oder Haß, keine distanzierte Kritik an verwahrlosten und verluderten Zuständen. Die dem prophetischen Deutewort vorangehende Zeichenhandlung ist eindeutig: Jesus sieht die Stadt und weint. Der, dessen Schicksal besiegelt ist, trauert um die Stadt, deren Schicksal ebenfalls besiegelt ist. Und kein Zufall ist es, daß die Vollstrecker in beiden Fällen die gleichen sind, auch wenn der Evangelist Lukas sich müht, deren Verantwortung so weit als möglich zu bagatellisieren. Jenseits jeglicher Häme oder gar Schadenfreude leidet der Jude Jesus mit und an seinem Volk - wie andere Propheten vor ihm. Und weiß zugleich - im Tempel - von seiner Hoffnung so zu reden, daß das »ganze Volk« ihn hört.
Das wäre doch etwas, was uns froh machen könnte, das wäre doch »Frohe Botschaft« (vgl. die Schlußfrage in den »Annäherungen«): daß bis heute, durch die ganze Geschichte hindurch, durch wahrhaft unfaßbare Katastrophen hindurch, dieses Volk, das Volk des Juden Jesus, eben nicht zu existieren aufgehört hat. Daß heute, mehr als 1900 Jahre nach der Zerstörung des Tempels, dort in Jerusalem nach wie vor Juden leben und Gottesdienst feiern. Zeichen der Treue Gottes zu seinem Volk Israel, zu dem Volk, dem Jesus, der Jude, seinerseits treu geblieben ist, in Trauer und Tränen und in der Teilhabe an seinem Schicksal.

Vorschläge zur Liturgie
(zitiert nach: Mit Gottes Volk auf Erden. Ökumenischer Fürbittkalender, hrsg. von Hans-Georg Link, Frankfurt 1989)

Psalm 122
Ich freute mich, als man mir sagte:
»Zum Haus des Herrn wollen wir pilgern.«
Schon stehen wir in deinen Toren, Jerusalem:
Jerusalem, du starke Stadt, dicht gebaut und fest gefügt.
Dorthin ziehen die Stämme hinauf, die Stämme des Herrn,
wie es Israel geboten ist, den Namen des Herrn zu preisen.
Denn dort stehen Throne bereit für das Gericht,
die Throne des Hauses David.

Erbittet für Jerusalem Frieden!
Wer dich liebt, sei in dir geborgen.
Friede wohne in deinen Mauern,
in deinen Häusern Geborgenheit.
Wegen meiner Brüder, Schwestern und Freunde
will ich sagen: In dir sei Friede.
Wegen des Hauses des Herrn, unseres Gottes,
will ich dir Glück erflehen.

Schuldbekenntnis
Herr, unser Gott und Gott deines Volkes Israel, viele Jahrhunderte der Blindheit haben uns die Augen verhüllt, so daß wir die Schönheit deines auserwählten Volkes nicht sehen und in ihren Gesichtern die Züge unserer bevorzugten Brüder und Schwestern nicht erkennen konnten. Wir bekennen, daß uns das Kainszeichen auf die Stirn geschrieben ist, denn im Laufe der Jahrhunderte hat unser Bruder Israel in dem Blut gelegen, das wir vergossen haben, er hat Tränen geweint, die wir verursacht haben, weil wir dich und deine Gebote vergaßen. Vergib uns den Fluch, den wir in unserer Überheblichkeit an den Namen »Israel« hefteten, vergib uns, daß wir dich in der Vernichtung der Juden zum zweiten Mal ans Kreuz schlugen. Führe du uns zurück zu deiner Weisung, daß sie uns leite in rechter Umkehr zu dir. (Papst Johannes XXIII.)

Kollektengebet
Wir bitten für alle Völker, daß dein Licht über ihnen scheine, daß unter ihnen der Geist der Gerechtigkeit und der Geduld miteinander lebendig werde, der Geist der Liebe und des Friedens. Wir rufen zu dir, o Herr, erhöre uns, und erbarme dich unser. (Melkitisches Gebet)

Fürbitten
Wir bitten Gott
- für die Stadt Jerusalem, die bis heute von Unruhe erfüllt, innerlich gespalten und dennoch voller Verheißung ist für die Städte der Welt;
- für die Glieder des Volkes Israel, die trotz aller Gefahren in dieser Stadt leben;
- für die Kinder und für alle, die sich um das gemeinsame Wohl der verschiedenen Bewohner Jerusalems bemühen;
- für die Männer und Frauen in allen Gemeinschaften, die Frieden und Versöhnung stiften;
- für die Erinnerungsstätten in Jerusalem und für alle, die dorthin pilgern, um dort zu beten;
- für die christlichen Gemeinden unterschiedlicher Traditionen in dieser Stadt, daß sie in Frieden miteinander, mit Juden und Muslimen leben und so ein glaubwürdiges Zeugnis für Christus ablegen.

Vorschlag zur Predigt

Möglicher Anfang
Zwei Zeichnungen aus einem Kinderbuch. Zwei Bilder, zwei Menschen, zwei Menschenbilder. Links: ein junger Mann. Rund zwanzig Jahre alt, groß, muskulös. Sein Oberkörper ist nackt, das blonde Haar kurz geschoren, nach hinten gekämmt. Das helle Gesicht wirkt entschlossen, der Blick ist geradeaus in die Ferne gerichtet. Der blonde Hüne stützt sich auf einen Spaten, zu seinen Füßen sieht man die umgegrabene Erde. Ehrliche Arbeit, ehrlicher Mensch. Aufschrift neben dem Bild: »Der Deutsche ist ein stolzer Mann, der arbeiten und kämpfen kann.«
Gleich rechts daneben: das Gegenbild. Gekleidet in Anzug und Weste, mit blank polierten Schuhen, stark untersetzt, mit dunkler Hautfarbe, schwarzem Haar, schwarzem Bart und schwarzen, buschigen Brauen: ein älterer Mann. Eine dicke Zigarre qualmt in seinem Mund. In der Hand trägt er eine Aktentasche, hinter dem Ohr klemmt ein Bleistift: offensichtlich ein Rechner. Aus der Tasche seines Jackets lugt eine Zeitung hervor. Aufschrift: »Börse«. Die Augen wirken unklar und gräulich, der Blick verschlagen. Überschrift über diesem Bild: »Dies ist der Jud, das sieht man gleich, der größte Schuft im ganzen Reich.«
Zwei Bilder, zwei Menschen, zwei Menschenbilder.
Das Kinderbuch stammt - man kann es vermuten, aus der Zeit des Nationalsozialismus, genauer: aus dem Jahre 1936. Veröffentlicht nur wenige Monate nach den 1935 erlassenen »Nürnberger Rassegesetzen«.
Bitterböse Propaganda, kein Zweifel. Aber: erfolgreiche Propaganda. Erfolgreich deshalb, weil das Bild des allzeit geschäftstüchtigen, feilschenden, des verschlagenen und habgierigen Juden schon in den Köpfen, in *vielen* Köpfen war, lange bevor es in die Kinderbücher kam. Durch viele Jahrhunderte hindurch hat eben dieses Bild des handelnden, feilschenden, habgierigen Juden immer wieder den Vorwand geliefert für grausame, tödliche Judenverfolgungen. Und mehr noch: Dieses böses Bild scheint ausgesprochen widerstandsfähig zu sein. Sehr viel widerstandsfähiger als der Nationalsozialismus, dessen Kinderbücher lange eingestampft oder vermodert sind. Bis heute schwirrt dieses Bild des geschäftsbesessenen Juden durch viele Köpfe, bis heute geistert es an Stammtischen und in Bierzelten herum. Bis heute dient dieses Bild immer auch zur eigenen Beruhigung und Entschuldigung: Im Grunde trügen die Juden doch selbst die Schuld an ihrem Unglück, im Grunde hätten sie selbst das Grab sich doch geschaufelt. Gar nicht so selten, daß solches geäußert wird, und sei es hinter vorgehaltener Hand.
Und dann dieser Text aus dem Lukasevangelium. Diese finstere Prophezeiung Jesu gegen die heilige Stadt Jerusalem. Völlige Vernichtung kündigt er an. Um wenig später in den Tempel zu gehen, die Händler von dort zu vertreiben und ihnen vorzuwerfen, noch aus dem Allerheiligsten eine profitable Räuberhöhle gemacht zu haben.
Na bitte. Oder etwa nicht?

Zum weiteren Verlauf
- Auszuführen wäre im folgenden, was den Evangelisten veranlaßt, von dieser Unheilsprophezeiung Jesu zu erzählen. Dabei wird - im Nacherzählen des Kontextes - deutlich, daß Lukas allein in der Ablehnung Jesu und der frühchristlichen Verkündigung den Grund für die Katastrophe von 70 n. Chr. gesehen hat. Seine Deutung: Die Zerstörung von Stadt und Tempel sind göttliches Strafgericht für das »blinde« Volk Israel.
- Zu reden wäre dann von den furchtbaren Folgen: von christlicher Heilsgewißheit und antijudaistischem Triumphalismus - durch die Geschichte hindurch. Davon, wie die Kirche Judenverfolgungen inszenierte oder unterstützte - bis in unser Jahrhundert hinein. Und davon, wie sich dieser heilsgewisse Antijudaismus immer wieder verbunden hat mit den anderen antisemitischen Ressentiments (vgl. etwa die unten exemplarisch aufgeführten Zitate).
- Jesus sieht die Stadt und weint: Der Jude Jesus trauert um Jerusalem. Er, der wenig später von den Besatzern ans Kreuz geschlagen wird, beklagt das Schicksal dieser Stadt: von den Besatzern zerstört zu werden. Nichts hat die Kritik bestimmter Zustände etwa des Tempelhandels, nichts hat seine Lehre zu tun mit der Kritik irgendeines vermeintlichen »jüdischen Wesens«.

Möglicher Schluß
Jesus, der Jude, bleibt seinem Volk treu. Er *weint* über das Schicksal der Stadt Jerusalem - und er erleidet es selbst: ihren Besatzern und Zerstörern fällt auch er zum Opfer.
Gott, der Gott Israels, bleibt treu. Durch die Katastrophe, durch den Tod hindurch. Jesus, den Geschundenen, den ans Kreuz Geschlagenen, erweckt er zu neuem Leben. Daran glauben wir. Jerusalem, die Stadt, in Schutt und Asche gelegt: immer wieder aufgebaut, immer noch die Stadt der Städte. Das sehen wir. Das Volk der Juden: unterdrückt, geschunden, durch die Geschichte hindurch. Systematisch verfolgt und getötet durch das Volk der Deutschen in diesem Jahrhundert. Woran wir uns mit Scham erinnern.
Heute, an der Wende zum 3. Jahrtausend nach Christus, leben Juden in Jerusalem. Leben dort, arbeiten, hoffen, zweifeln, lieben, hassen, feiern Gottesdienst. Leben dort, trotz der Zerstörung, von der schon Lukas wußte. Trotz der Verfolgung und Pogrome durch zwei Jahrtausende. Und trotz der Kinderbücher, mit denen ihr millionenfacher Tod vorbereitet wurde.
Was für ein Zeichen der Treue Gottes zu seinem Volk. Des Gottes, von dem Jesus, der Jude, im Tempel voll Hoffnung zu erzählen wußte, so daß alle ihn hörten.

Kontexte

Erich Fried:
DIE HÄNDLER

Sie sind nicht feilschende Juden
und das ist leicht zu erkennen
denn sie leben
und sechs Millionen feilschende Juden sind tot

Sie leben und protestieren:
Man tut uns Unrecht
Es waren nicht sechs Millionen
es waren nur fünfeinhalb

Sie leben und wehren sich
gegen das bittere Unrecht:
Es waren nicht fünfeinhalb
es waren nur fünf

Nur fünf Millionen -
man tut uns millionenfach Unrecht
nur fünf Millionen -
Wer bietet weniger?

(in: Erich Fried, Anfechtungen. Fünfzig Gedichte, Verlag Klaus Wagenbach, Berlin 1967, Seite 40)

»Im übrigen habe ich in allen meinen Reden gegen das Judentum offen erklärt, daß ich nicht die Juden angreife, sondern nur dies frivole, gottlose, wucherische, betrügerische Judentum, das in der Tat das Unglück unseres Volkes ist.«
(Der Hof- und Domprediger Adolf Stoecker am 23. September 1880 in einem Brief an den Kaiser).

»Ich bestreite mit keinem Wort dem Staat das Recht, das Judentum als ein gefährliches Element zu bekämpfen. Ich habe von Jugend auf das Urteil von Männern wie Heinrich von Treitschke und Adolf Stoecker über die zersetzende Wirkung des Judentums auf religiösem, sittlichen, literarischem, wirtschaftlichen und politischen Gebiet für zutreffend gehalten ...«
(Der württembergische Landesbischof Theophil Wurm am 06.12.1938 - keinen Monate nach der »Reichskristallnacht« - an den Reichsjustizminister).

»Die allermeisten Menschen, die am Holocaust mitgewirkt haben, meinten, sie tun das Richtige.«
(Daniel Jonah Goldhagen im Gespräch mit Rudolf Augstein, DER SPIEGEL 33/96)

Erich Fried:
FORTSCHRITT

Nach neunzehn Jahrhunderten
wurde in Rom verkündet
daß Israel nicht Kollektivschuld
am Tode Christi trägt

Nun werden auch
die toten Juden erklären:
Wir wurden niemals erschlagen
von Christenhand

(in: Erich Fried, Anfechtungen. Fünfzig Gedichte, Verlag Klaus Wagenbach, Berlin 1967, Seite 40)

11. Sonntag nach Trinitatis

Annäherungen an den Predigttext Lukas 18,9-14

Wolfram Braselmann

Ich stelle den Text einer Gruppe von behinderten Jugendlichen vor, mit denen ich mich seit einer Reihe von Jahren regelmäßig zu einer »Bibelstunde«, wie sie es schon vor meiner Zeit genannt haben, treffe. Es sind Jugendliche und junge Erwachsene, die zum Teil in ihren Familien, zum Teil in einem Wohnheim oder in freien Wohngruppen wohnen. Wir besprechen an den Abenden regelmäßig biblische Texte, aber auch Fragen, die an ihrer Lebenssituation aufbrechen, wie Probleme am Arbeitsplatz in der Behindertenwerkstatt, im Wohnheim und mit den Nachbarn, Partnerschaftsprobleme und was ihnen sonst wichtig ist, und meist geht das eine in das andere über. An diesem Abend, dem ersten nach der Sommerpause, stelle ich ihnen den Evangelientext vor und lade dazu ein, sich spontan zu äußern.

Barbara sagt: In der Geschichte hat der eine mehr gebetet, aber er hat sich erhöht. Der andere hat ganz kurz gebetet.

Markus: Ja, der hat nicht so viel gesagt. Aber das war besser. Denn der erste hat gar nicht zugehört, als ob er gar nichts wahrgenommen hat.

Barbara: Das sind zwei Typen von Menschen, von denen Jesus hier erzählt.

Doris: Ja, das sind nicht nur zwei Typen. Der eine hat es nämlich richtig gemacht, und der andere falsch. Der andere hat sich nämlich zu wichtig genommen.

Ernst: Ich weiß gar nicht, was ich zu der Geschichte sagen soll. So aus dem Stegreif fällt mir nichts dazu ein. Später, wenn ich nach Hause fahre vielleicht.

Doris: Ja, der da zuerst betet, der ist ein bißchen so wie ich. Das ist so meine Art, daß ich zu allem gleich viel sagen möchte. Ernst ist mehr wie der andere, der nicht so viel sagt. Aber das ist nun einmal so meine Art. Es gibt Leute, die verstecken ihr wahres Ich hinter vielen Worten.

Siegfried: Ja, das ist so: Du redest oft wirklich viel, und ich komme manchmal hier gar nicht zu Wort.

Doris: Man kann es niemanden recht machen. Früher habe ich mich zurückgehalten, da war es nicht richtig. Und heute, wenn ich mehr rede, dann ist es auch nicht richtig. Was soll ich denn nun machen? Wahrscheinlich ist es richtig, wenn man jeden so nimmt, wie er ist.

Siegfried: Also, dazu fällt mir ein: In meiner Gruppe, in der Werkstatt, da ist es jetzt, in der letzten Zeit, ganz erträglich. Da ist nicht mehr so viel Streit wie früher. Und ich rege mich nicht mehr so leicht auf, wie das früher war. Es wird ruhiger. - Vielleicht lenkt mich Gott, daß ich das Richtige sage. Den Zöllner in der Geschichte hat er ja auch gelenkt, daß er die richtigen Worte fand.
Doris: Ja, wir sollen ja auch keinen Streit um den Glauben anfangen und damit angeben, daß wir in der Bibel lesen, so wie der Pharisäer. Wir sollen nicht höher sein wollen als die anderen.
Barbara: Gerade die nimmt Gott an, die unten, ganz tief unten sind. Ganz gewöhnliche Menschen, wenn da eine Spur des Glaubens ist. Und wir als Behinderte sind ja sozial Schwache, Menschen zweiter Klasse, auf die die Höhergestellten herabsehen. Und Pharisäer: Das sind dann solche, die als Gebildete auf die Behinderten und die Analphabeten herabsehen und meinen, sie sind besser. Das habe ich auch schon erfahren.
Siegfried: Ja, wir Behinderten, wir sind ganz unten. So wie der Zöllner sagt, daß er ganz unten ist. Im Dritten Reich, da waren die Behinderten ja auch ganz unten.
Barbara: Und Jesus steht ja auch an der Stelle derer, die sich erniedrigt haben. Wer nicht mehr haben will, als er hat, so wie es uns geht, wer nicht nach den Sternen greifen will, der wird von Jesus angenommen, eher als der, der sich erhöht.
Doris: Jesus hat ja auch gesagt: Er geht zu denen, die einen Arzt brauchen und die im Dreck stecken, das sind die, die Jesus brauchen. Randgruppen, wie wir Behinderten.
Siegfried: Es gibt auch noch andere Randgruppen. Ich habe letzte Woche über die Türken gemeckert, das war auch nicht richtig.
Soweit ging das Gespräch, und mußte dann abgebrochen werden, weil die Zeit um war - am nächsten Morgen geht es auch für die meisten aus der Gruppe wieder zur Arbeit. Und ich denke, alle aus der Gruppe haben sich in der Geschichte wiedergefunden und daraus gelernt.

Zum Gottesdienst

Reiner Jansen

Exegetisch-homiletische Skizze

Jesus erzählt eine Beispielgeschichte. Diese wird zur Provokation für seine Hörer/innen. Für uns freilich sind Pharisäer und Zöllner nicht mehr zwei Personen in einer Geschichte wie etwa der jüngere und der ältere Sohn. Sie sind bereits zu Typen der Frömmigkeit stilisiert. Der Pharisäer ist schon

verurteilt, bevor die Geschichte zuende gelesen ist. Nicht nur ein breiter Strom kirchlich-theologischer Literatur, auch unsere Umgangssprache bezeugt es: Der Pharisäer ist ein »selbstgerechter, engstirniger Mensch« (Knaurs Fremdwörterbuch, 1982, Seite 323). Der Zöllner hingegen ist heute kaum mit negativen Assoziationen behaftet; es sei denn, er habe einen beim »Schmuggeln« an der Grenze erwischt. Wird es möglich sein, mit der Predigt hinter dieses Vorurteil zurückzugehen in die ursprüngliche Situation der Erzählung, wo nach dem gängigen Vorurteil die Pharisäer positive und die Zöllner negative Figuren waren?
Zum Verständnis des Textes scheinen mir folgende Beobachtungen und Überlegungen wichtig (für die Einzelexegese verweise ich auf die Kommentare, Literatur über die Gleichnisse etc.):
- Der Pharisäer wird hier nicht als Heuchler bezeichnet (anders als Luk 12,1 und Matth 23,31ff. Dort geht es um die Abgrenzung zweier Erneuerungsbewegungen im damaligen Judentum: Jesusbewegung und Pharisäer). Auch wird seine Frömmigkeit und seine Praxis nicht grundsätzlich kritisiert. Der kritische Punkt liegt beim Vergleichen: »daß ich nicht so bin wie ...«
- Der Zöllner kann vor Gottes Urteil bestehen. Die ihm von Gott zugesprochene Gerechtigkeit lebt nicht vom Vergleichen. »Die Gerechtigkeit des Zöllners und die Gerechtigkeit des Pharisäers lassen sich nicht auf einen gemeinsamen Nenner bringen: Die Gerechtigkeit, die der Pharisäer aufzuweisen hat, ist ohne eine Rangordnung, ohne einen Maßstab nicht denkbar, durch den er - im Unterschied zu anderen - als der Gerechte erkennbar wird. Die Gerechtigkeit, die dem Zöllner durch Gottes Vergebung zuteil wird, läßt sich in eine - wie auch immer geartete - Rangordnung nicht einstufen.« (E. Linnemann, Gleichnisse Jesu, 6. Aufl. 1975, Seite 67).
- Zu V. 14b (Wer sich selbst erhöht ...) Diese Konklusion ist an den ursprünglichen Text angehängt wie schon Lukas 14,11. Sie paßt nicht ganz zum Inhalt des Vorhergehenden. Denn in ihr geht es um die von Gott herbeigeführte eschatologische Umkehr aller Verhältnisse. Wer diesen Schluß nicht explizit auslegen möchte, kann den Halbvers bei der Verlesung des Textes ruhig weglassen. Er könnte sonst allzuschnell als Ausruf zu »christlicher« Demut (= Selbsterniedrigung) verstanden werden: Wenn ich vor Gott groß sein will, dann muß ich mich klein machen. - als Regel einer raffinierten Methode zum Hochkommen.
Um dem abgedroschenen und gefährlichen Klischee: Demut oder Hochmut? zu entgehen, scheint es mir angemessen, in der Predigt etwas darüber zu sagen, daß auch ein Christ einmal stolz und zufrieden mit sich sein darf. Paulus schreibt ja durchaus selbstbewußt und stolz im Blick auf seine Herkunft und sein früheres Leben als Pharisäer (Philipper 3,4f.).
Ich sehe die Beispielerzählung vom Pharisäer und Zöllner nicht als Anleitung zum rechten Beten bzw. zur richtigen Haltung vor Gott, weil sonst

wohl nur die Möglichkeit bliebe, den Zöllner nachzuahmen. Beide Personen sind wie ein Spiegel, in den wir hineinschauen und uns fragen: Wer bin ich?
Nach einem meditativen Einstieg kann man sehr schön mit der »klassischen« Darstellung der Perikope von Schnorr von Carolsfeld in seiner Bilderbibel anfangen (vgl. B. Ter-Nedden-Amsler, Predigtstudien I/2, 1985, Seite 195 ff.).

Vorschläge zur Liturgie

Eingangsvotum
Wir beginnen diesen Gottesdienst im Namen des Gottes, der uns das Leben schenkt und der die Quelle des Lebens ist, im Namen Jesu, der Gottes Wort der Versöhnung an uns ist und im Namen des Geistes, der uns begleitet, ermutigt und stärkt. Gande sei mit uns ...

Lieder:
351 (Ist Gott für mich, ...)
353 (Jesus nimmt die Sünder an)
354 (Ich habe nun den Grund gefunden)
751 (Bewahre uns Gott)

Psalm 139 im Wechsel (EG 754)

Lesung: Lukas 18,15–17 (Jesus und die Kinder)

Kollektengebet
Gott,
du liebst uns wie ein Vater,
du sorgst dich um uns wie eine Mutter,
du rufst uns zu dir wie Jesus die Kinder
Wir sehnen uns nach Leben: erfülltem und glücklichem Leben,
Wir suchen Friede und Gerechtigkeit – Zeichen deiner Güte in unserer Welt.
Öffne uns die Augen und die Ohren,
Laß uns Neues erfahren,
Laß uns aus deinem Wort neue Kraft und Zuversicht schöpfen –
für heute und morgen.
Amen

Vorschlag zur Predigt

Möglicher Anfang
Meditative Hinführung zum Text

Wer bin ich?
Bin ich so, wie andere Menschen mich sehen?
Ruhig und selbstbewußt? Oder schüchtern? Oder arrogant?
Bin ich freundlich oder zugänglich? Oder kalt und abweisend?
Bin ich so, wie ich mich selber sehen möchte?
Klar und zugleich teilnahmsvoll?
Entschlossen und mutig, aber ohne anderen Gewalt anzutun?
Oder bin ich so, wie ich mich manchmal erlebe: unentschlossen, verzagt, zurückgezogen?
Oder bin ich so, wie mich meine Feinde sehen, die Menschen, die mich nicht mögen: langweilig, eingebildet und stur?
Wer bin ich? Um diese Frage zu beantworten, muß ich auch die anderen fragen, die Menschen, die mich kennen, die mir sagen können, wie ich wirke.
Wer bin ich? Wenn ich so frage, dann denke ich auch an andere Menschen, dann vergleiche ich mich mit anderen: Wie möchte ich nicht sein? Mit wem möchte ich auf keinen Fall tauschen?
Mit wem vergleiche ich mich gern? Und mit wem möchte ich auf keinen Fall in den gleichen Topf geworfen werden?
Wer ich bin, erkenne ich in der Auseinandersetzung mit anderen.

Bildbetrachtung

Pharisäer und Zöllner in: J. Schnorr von Carolsfeld, Die Bibel in Bildern, Nachdruck Zürich 1972, Seite 200. Eine Kopie des Bildes kann den Teilnehmern am Anfang des Gottesdienstes in die Hand gegeben werden. Man kann es auch als Hellraumfolie verwenden.
(Ich habe das Bild bewußt zunächst ohne Titel und Text verteilt).
Betrachten Sie einmal das Bild, das ich mitgebracht habe. Schauen Sie einfach mal die beiden Menschen an, die hier dargestellt sind. Lassen Sie beide auf sich wirken, noch unabhängig von der biblischen Geschichte, die hier dargestellt wird. Wer von den beiden ist Ihnen symathischer, die linke oder die rechte Person? Was empfinden Sie bei der Körperhaltung der linken? Und was bei der rechten?
Und schauen wir einmal auf die Mitte des Bildes: Genau in der Mitte sehen wir die Hand, mit der der erhabene Mann eine Münze auf einen Teller wirft, sehr sichtbar für alle.
Ich nehme einmal an, Sie wissen (noch) nicht, um welche Geschichte es sich handelt. Welchen Titel würden wir ihr geben? Der demütige Wanderer und der reiche stolze Protz?

Lesung: Lukas 18,9–14

Der Pharisäer und der Zöllner; Schnorr von Carolsfeld, dessen Bilderbibel Generationen von Kindern geprägt hat, hat die beiden Figuren, die beiden Typen eindrücklich dargestellt.
Da ist der Zöllner. Er steht bescheiden im Hintergrund und hat den Hut gezogen. Er steht tiefer als der Pharisäer. Er neigt sich. Er ist schlank. Er hat den Stock in der Hand. Er ist noch unterwegs! Ein ungemein sympathischer Wanderer ...
Und der Pharisäer ist wohlbeleibt, so daß er fast die ganze rechte Bildhälfte füllt. Er denkt nicht daran, den Hut abzuziehen. Er brüstet sich. Er hat ja auch einen dicken Geldbeutel ...
So etwa sieht das überlieferte Bild vom Pharisäer und vom Zöllner aus.
Nicht wahr, unsere Sympathie gehört dem Zöllner. Und der Pharisäer ist bereits verurteilt, bevor wir die Geschichte gelesen haben. Ist nicht der Pharisäer in unserer Sprache zum Inbegriff des frommen und überheblichen Heuchlers geworden?
Der Zöllner wird oft gelobt, weil er geradezu ein Vorbild an Bescheidenheit ist. So gesehen könnte man meinen, hier seien zwei Haltungen dargestellt: Bescheidenheit und Überheblichkeit. Viele von uns sind so erzogen worden: Sei immer schön bescheiden; falle nur nicht auf. Zeige den anderen nicht, was du wirklich kannst und bist. Denn wer sich aufs hohe Roß setzt, der fällt dann schon noch herunter... Schon deswegen muß uns der Zöllner auf dem Bild eher gefallen. Er bleibt bescheiden in seiner Haltung. Er trumpft nicht auf.
Aber warum erzählt Jesus diese Geschichte?
Für seine Zuhörer damals war es gar nicht selbstverständlich, was er sagte. Es war eine Provokation. Vergegenwärtigen wir uns darum kurz, wer denn die Pharisäer und wer die Zöllner damals waren.
Zöllner waren Menschen, welche die Abgaben eines Bezirkes eintrieben: Marktzölle, Grenzzölle und verschiedene Arten von Steuern. Sie waren keine Beamten, sondern kleine Unternehmer. Denn die Zölle wurden an die Meistbietenden verpachtet. Diese mußten die Zölle an die römischen Besatzer abliefern. Und das, was darüber hinaus ging, kassierten sie in die eigene Tasche. Viele wurden dabei wohlhabend und reich. Natürlich waren sie nicht beliebt bei denen, die zu zahlen hatten. Denn man wußte oft nicht genau, wieviel sie wirklich abgaben und wieviel sie in den eigenen Geldbeutel wirtschafteten. Schon deswegen wurden Zöllner und Betrüger oft in einem Atemzug genannt. So hatten die Zolleinnehmer in der Bibel ein negatives Image, auch wenn es darunter sicher auch ehrliche Menschen gab.
Die Pharisäer waren Mitglieder einer Laienbewegung. Ihr Ziel war, die Gebote Gottes im Alltag zu erfüllen. Sie waren überzeugt, daß Religion nicht nur etwas für den Sonntag war, sondern auch im Alltag gelebt werden mußte. Sie waren auch bereit, auf etwas zu verzichten, gaben konsequent den Zehnten – 10% – für alles, was sie auf dem Markt kauften, an den

Tempel - so wie es im biblischen Gesetz vorgeschrieben. Darüber hinaus fasteten sie zweimal in der Woche. Sie waren also keineswegs einfach fromme Heuchler, sondern Menschen, die von vielen geachtet wurden, weil sie ziemlich redlich, aufrichtig und konsequent waren. Die Pharisäer ließen sich ihre Gerechtigkeit etwas kosten.

Wenn Jesus in seinem Gleichnis von einem Pharisäer und einem Zöllner erzählt, dann sind es zwei ganz verschiedene Menschen, zwei Typen. Aber die Typen sind in der Welt der Bibel eher das Gegenteil von dem, wie sie in der Bilderbibel von Schnorr von Carolsfeld dargestellt sind. So gesehen müßte man den Pharisäer schlank zeichnen und eher unauffällig, jedenfalls nicht mit einem dicken Geldbeutel. Die Pharisäer gehörten nicht zur Oberschicht. Und der Zöllner wäre auf meinem Bild wohlhabend und behäbig ...

Und nun gehen also die beiden hinauf in den Tempel. Und jeder betet auf seine Weise. Der Pharisäer betet selbstbewußt. Er hat ja auch Grund dazu. Er braucht sich nicht zu schämen. Er gibt sich die größte Mühe. Er kann zu dem stehen, wie er lebt und was er tut. Warum soll er das nicht aussprechen? Soll er denn Sünden erfinden, die er gar nicht begangen hat? Oder soll er schön demütig und bescheiden reden vor Gott? Soll er sich bewußt selbst erniedrigen, damit er nachher besser wegkommt? So als Methode, wie man sich am besten Anerkennung und Lob holt, indem man sich und die eigene Leistung ganz klein macht? Aber würde sich der Pharisäer nicht selbst verleugnen, wenn er nicht das ausspricht, was er empfindet?

Worauf gründet sich denn unser Selbstwertgefühl? Nicht auch auf das, was wir geleistet haben, auf unseren Fleiß, unsere Tüchtigkeit, unsere Erfolge, unseren Einsatz für die Familie oder für andere Menschen? Dürfen wir denn nicht einmal froh oder sogar ein bißchen stolz über das sein, was uns im Leben geglückt ist? Oder sollen wir immer nur ganz bescheiden sein und wenn nötig, auch unsere innersten Gefühle verleugnen und »falsche« Bescheidenheit zeigen?

Ich denke, es geht hier gar nicht um diese Frage. Jesus kritisiert überhaupt nicht die Anstrengungen des Pharisäers. Er macht nicht seine Frömmigkeit zunichte. Der heikle Punkt ist der, daß der Pharisäer sich vergleicht: »Ich danke dir, Gott, daß ich nicht bin wie die anderen Leute: Räuber, Betrüger, Ehebrecher oder auch wie dieser Zöllner.« Mit diesem Vergleich wird auf einmal alles schief. Gott soll sehen, soll feststellen, wieviel besser er ist. Gott wird hier zum Punktrichter zwischen ihm und den anderen.

Zum weiteren Verlauf

Fragen an die Hörer/innen und an mich:

Leben denn meine Leistungen, meine Erfolge von den Mißerfolgen der anderen? Bin ich gut, nur wenn ich besser bin als die anderen, wenn die anderen also schlechter sind, weniger wert?

Ein Blick auf den Zöllner: Er bleibt hinten stehen, wagt es nicht, seine Augen zu Gott zu erheben. Sein Ruf: »Gott, sei mir Sünder gnädig!« ist nicht gespielte Demut, aufgesetzte Frömmigkeit. Er hat nichts vorzuweisen, keine Leistungen, auf die er stolz sein kann. Er betet mit den Worten des 51. Psalms, eines Bußpsalms. Dabei läßt er freilich die anderen aus dem Spiel. Er sagt nicht: »Ich weiß, daß ich Fehler begangen habe, daß ich schuldig geworden bin vor Dir, Gott und an den Menschen. Aber schau einmal, lieber Gott, wer ist denn schon vollkommen? Ich danke dir, lieber Gott, daß ich nicht so bin wie einige meiner Kollegen, die ihre Kunden am Zoll noch viel mehr abreißen als ich.« – Er läßt die anderen aus dem Spiel. Denn bei diesem Spiel aller gegen alle hat er ohnehin schon verloren. Er braucht dieses zwanghafte Schielen nach links und rechts nicht mitzumachen. Seine Beziehung zu Gott wird nicht getrübt durch das ständige Vergleichen. Und darin bekommt er vor Gott recht. Seine aufrichtige Bitte: »Gott sei mir Sünder gnädig!« wird erfüllt. So bekommt er seinen Wert, seinen Platz. Weil Gott ihm seinen Wert und seinen Platz zuspricht, muß er sich nicht ständig fragen: Bin ich gut genug? Bin ich nicht mehr oder besser als dieser oder jener?

Das ist der Kern des Evangeliums. Das ist auch das Geheimnis der Taufe. Gott nimmt mich an, bevor ich etwas dafür tun kann. Er gibt mir meinen Wert und meinen Platz unabhängig davon, welchen Platz ich mir im Gerangel mit anderen erobern möchte oder schon erobert habe. Gott läßt sich nicht zum Schiedsrichter in unserm Wettkampf machen.

Ich möchte nicht mißverstanden werden: Unser Einsatz in Familie und Beruf, in menschlichen Beziehungen, in der Pflege und in der Erziehung sind sehr nötig. Und in diesem Sinne auch unsere Leistung. Und wer wollte etwas gegen echten fairen Wettkampf im Sport sagen?

Möglicher Schluß

Für unser Selbstwertgefühl wird das, was wir leisten, was wir erreichen, immer eine gewisse Rolle spielen. Aber sind wir denn nur soviel wert, wie wir leisten? Und was ist, wenn wir nichts mehr leisten können? Wenn wir unsere Arbeit und damit auch die gesellschaftliche Anerkennung und Bestätigung verlieren? Oder wenn wir krank, invalid oder schwach werden – sind wir dann nichts mehr wert?

Unser Selbstwertgefühl wird sich wohl immer wieder nach dem richten, was wir schaffen oder was wir nicht schaffen, bzw. wo wir versagen. Unser Selbstwertgefühl ist sehr schwankend und sehr abhängig von äußeren Umständen. Gerade wo wir an uns selber zweifeln, dürfen wir darauf vertrauen, daß Gott uns annimmt, uns unseren Wert zuweist.

Der Zöllner ist ein Beispiel für dieses Vertrauen, mehr nicht. So wie die Kinder, die Jesus zu sich ruft. Beiden ist gemeinsam, daß sie nichts vorzuweisen haben, daß sie mit leeren Händen vor Gott treten.

Sollen wir den Zöllner zum Vorbild nehmen, etwa seine Demut nachahmen wollen? Ich denke, es könnte dann so herauskommen, wie Eugen Roth es in einem Vers sagt:

»Ein Mensch betrachtete einst näher, die Fabel von dem Pharisäer, der Gott gedankt voll Heuchelei, dafür daß er kein Zöllner sei, Gottlob, rief er im eitlen Sinn, daß ich kein Pharisäer bin.«
Und damit wären wir dann schon beim Pharisäer im Zöllner. Pharisäer und Zöllner in der Bibel sind nicht dazu da, daß wir sie nachahmen. Sie sind für uns wie ein Spiegel. Wenn wir hineinschauen, fragt er uns: Und wer bist DU?

Kontexte

Andere Darstellungen des Gleichnisses: Der Pharisäer und der Zöllner, in: Bilderbibel, Lithographien von Felix Hoffmann, Zürich, 1961, Seite 73.
Zur pharisäischen Selbstkritik:
»Sieben Pharisäer ... gibt es:
den Schulter-Pharisäer, der vor aller Welt seine Frömmigkeit zu Schau trägt,
den Nachlese-Pharisäer, der immer noch ein Gebot zu erfüllen müssen scheint,
den Ausgleich-Pharisäer, der gute und böse Handlungen verrechnet, indem er Sünden begeht und danach Gebote erfüllt,
den Sparsamkeits-Pharisäer, der damit prahlt, sich alles abzusparen, um gute Werke zu verrichten,
den Schuld-Pharisäer, der die Leute auffordert, ihm die von ihm begangenen Sünden anzugeben;
aber dann der Pharisäer, der das Gute in der Furcht vor Gott tut wie Hiob
und den Pharisäer, der das Gute aus Liebe zu Gott tut wie Abraham.«
(Jerusalemer Talmud, Berachot IX, Seite 14 b, zitiert nach: Leo Baeck, Paulus, die Pharisäer und das Neue Testament, 1961, Seite 96 f.)

Das Gleichniß von dem Pharisäer und dem Zöllner.

Julius Schnorr von Carolsfeld: Pharisäer und Zöllner

12. Sonntag nach Trinitatis

Annäherungen an den Predigttext Markus 7,31-37

Klaus Dirschauer

Geschehen im Rahmen einer Morgenandcht, die mit den Mitarbeitern und Mitarbeiterinnen an jedem Montagmorgen im Haus der Kirche gehalten wird. Die zusammengestellten Tische bilden ein raumparalleles Rechteck, an deren äußeren Seiten die ca. 20-25 Frauen und Männer Platz nehmen. Die eine kürzere Seite der Anordnung ist offen, so daß bei geringerer Teilnehmerzahl der Innenraum genutzt werden kann. An der Öffnung stehen auf einem Tisch eine Kerze und eine Blume. Die Andacht wird ausschließlich von den Geistlichen gehalten.
Nach der Begrüßung sprechen wir (mit Hilfe des EG) gemeinsam Luthers Morgensegen. Anschließend singen wir »Geh aus, mein Herz, und suche Freud« (EG 503,1-3) nach der bekannten Melodie. Ich leite die Bibelarbeit ein: »Ich will heute zunächst schweigen und zuhören. Also gleichsam Ihre Rollen übernehmen. Und Sie sollen meinen Teil übernehmen, Anregungen, Anstöße, Bemerkungen, Empfindungen - kurzum, was Ihnen beim Lesen durch den Kopf, durch das Herz geht - kundtun. Ich notiere mir das und erzähle Ihnen zum Ende eine kleine Begebenheit.«
Einverständnis durch Aufmerksamkeit und Kopfnicken. Verteilen einer Fotokopie von Markus 7,31-37 im Kontext von Markus 7,24-30 und 8,1ff. Fünf Minuten Stillarbeit (Lesen), lautes Vorlesen von einem Teilnehmer.
Voten:
Mir fällt in der Gegend die große Menge auf. Woher kommt sie? Das ist doch die Gegend in Ostjordanien. Woher kommt die Menge? Ist Jesus dort wirksam geworden? Die Menge und der einzelne Mensch. Weshalb nimmt er ihn beiseite? Ist nicht jeder, der herausgerufen oder angesprochen wird, vereinzelt, beiseite genommen? Der namenlose Taubstumme muß schon bekannt gewesen sein, hat andere bewegt, ihn zu Jesus zu bringen.
Da sind in Vers 33-34 die geradezu somatischen Zeitworte. Jesus nimmt sich Zeit, nimmt die Zeit: er nahm, legte, berührte, sah, seufzte, sprach, tat. Der so verschlossen ist, nach innen, weil er nichts hört, auch nichts weiß, und nach außen, weil er nichts sagt, sich nicht mitzuteilen vermag, ist sprachlos. Diskussion, ob das wortwörtlich oder psychologisierend zu verstehen sei.

Verständnis über die Doppelwirkung des Schweigegebots. Alltagserfahrungen stellen sich ein. Schweigen wie ein Grab, wenn es geöffnet ist. Streng vertraulich sorgt für Umsatz. Vielleicht ist Vers 36 später hinzugesetzt worden. Und dann: der offensichtliche Widerspruch zum berichteten Geschehen: Wenn ein Tauber wieder hören kann, ein Stummer wieder reden kann – wie soll er, wenn dem einen nun auch noch beides geschieht, er aus der doppelten Fesslung befreit ist, Gott nicht laut und hörbar rühmen?! Jesu wundersame Geschichte muß weitererzählt werden. Oder ist das nur ein Gleichnis?
Freude an den sprachlichen Bildern in Vers 33–35: Finger, Ohren, Zunge, Speichel, Himmel, Ohren, Fessel, Zunge. Wie somatisch, wie wenig abstrahierend, eine Ursache oder einen höheren Sinn suchend, wie leibhaftig hier Jesus handelt und wenig redet.
Der Schlußvers 37 erinnert an einen chorischen Schluß in einem griechischen Drama. Die Menge umpfängt die Szene. Der einzelne ist aus ihr herausgetreten, in sie zurückgetreten. Doch der letzte Vers erinnert auch an Jesu Wort auf die Anfrage Johannes des Täufers aus dem Gefängnis.
Gegen Ende des 20minütigen Durchgangs die direkte Frage der lebhaft Teilnehmenden an mich: »Können Sie eine solche Wundergeschichte im 20. Jahrhundert predigen?«
Ich antworte mit Krankenhauserfahrungen (Besuchen) mit Jesu Frage »Willst du gesund werden?«, erzähle von dem gehauchten »Ja« und dem Aber-Witz der dieses Ja widerrufenden Argumentationsketten der eigenen Krankengeschichte (Diagnose, Therapie, Selbsteinschätzung), dessen, was gegen dieses Ja ins Feld geführt wird ...
Die verabredete Zeitnahme der Morgenandacht nimmt der aufbrandenden Diskussion den Raum. Wir singen EG 503,8, ich spreche den trinitarischen Segen. Ermutigung beim Auseinandergehen: Das möchten wir gern wiederholen.

Zum Gottesdienst

Ingrid Keßler-Woertel

Exegetisch-homiletische Skizze

Vorweg dies:
Die Heilung des Taubstummen, so wie sie in Markus 7,31-37 überliefert ist, spaltete in den letzten Jahrzehnten mehr als die meisten anderen Heilungsgeschichten Prediger wie auch Exegeten in zwei Lager.
Die einen beäugen die Heilungsgeschichte mit Mißtrauen. Ihnen liegt zuviel Aberglaube und Spekulation in dieser Heilung. Ihnen liegt die Art

und Weise, in der Jesus den Taubstummen heilt, zu sehr in der Nähe überlieferter ähnlicher Heilungsgeschichten der Antike. Folglich wird die Frage nach der Historizität von Markus 7,31 ff. laut. Die eigentliche Heilungshandlung Jesu wird in den Bereich des Mythologischen gedrängt, gestellt oder abgeschoben. Bisweilen wird sie auch psychologisch oder tiefenpsychologisch gedeutet. So wird z. B. Markus 7,33 a (und Jesus nahm den Taubstummen aus der Menge beiseite) als Vorwegnahme heutiger Formen der Einzeltherapie gesehen. Auch die zweifellos etwas irritierende Reise, bzw. die geographischen Angaben in Vers 31 werden in diesem Zusammenhang als unglaubwürdig angeführt. Auf der anderen Seiten stehen die biblizistischen Auslegungen. In neuerer Zeit befassen sich charismatische Gruppierungen verstärkt mit diesem Text, mit der Folge, daß sie ihre Heilungsgottesdienste nicht selten gerade auf die Perikope Markus 7,31 ff. zurückführen. Sowohl die eine wie auch die andere Seite sind Extrempole in der Auslegung der Perikope, weisen jedoch darauf hin, daß gerade Markus 7,31 ff. in einem Spannungsbogen und -feld gesehen werden kann, je nachdem, wo der Leser der Perikope steht, wie er denkt, wo seine »theologischen Wurzeln« zu finden sind. Es ist gut, sich die Bandbreite exegetischer Erörterungen bewußt zu machen, bevor der Prediger sich an die Erarbeitung der Predigt begibt.
Nach diesen Vorbemerkungen noch einiges zum Verständnis der Perikope: Die geographischen Angaben in Vers 31 sind recht unverständlich, sicher nur im Kontext so zu verstehen, daß der Verfasser Markus es wichtig fand und betonen wollte, daß diese Heilungsgeschichte sich auf heidnischem Gebiet abspielte. Daraus allerdings ein Missionsprogramm (so R. Pesch, Das Markusevangelium I, Seite 399) ableiten zu können, erscheint mir fragwürdig.
In Vers 32 heißt es: »Sie brachten einen, der taub und stumm war, ...«. Es wäre reizvoll, der Frage nachzugehen, wer »sie« sind: das Volk? eine lose zusammengewürfelte Zuhörerschaft? Waren »sie« alle Heiden, oder waren auch Juden darunter? Welche Erwartungshaltung hatten »sie«? Natürlich wird man diese Frage nach der Gruppe »sie« nicht beantworten können, aber wie ist das mit unseren heutigen Gruppen? »Sie« kommen zum Gottesdienst – wer kommt da? Was erwarten »sie«?
Sie brachten einen zu ihm, der taub und stumm war, nur dies wird im Vers gesagt: der taub und stumm war, also kein Wort darüber, woher die Krankheit kam, warum der Betreffende taub und stumm war, wie er mit dieser Behinderung umging, ob er vielleicht noch stammeln konnte oder ob seine Behinderung vielleicht gar psychosomatischer Natur war. Allein dies steht fest: Er war »taub und stumm«. Alles andere ist interessant zu durchdenken, aber in der Analyse spekulativ.
Die Heilung selbst, so zeigt es Vers 32 auf, kann die Menge der Zuschauer und Zuhörer nur aus der Ferne gesehen haben, denn »Jesus nahm ihn aus der Menge beiseite«.
Was nun folgt, mag den Aufgeklärten, Wissenschaftstreuen unter uns gelinde gesagt ein Zugeständnis an die Praktiken der Antike sein. Jesus legt ihm den

Finger in die Ohren und berührt seine Zunge mit Speichel. Was noch vor wenigen Jahren gang und gäbe war, nämlich das Wissen darum, daß dem Speichel sehr wohl eine wundheilende Fähigkeit innewohnt, ist heute scheinbar vergessen.
Jesus verwendet das Heilmittel Speichel übrigens auch zur Heilung des Blindgeborenen (Johannes 6,9). Drewermann sieht im Speichel nicht nur das körpereigene Heilmittel, sondern sagt darüber hinaus: »Speichel galt in der Antike als Heilmittel, als ausgezeichneter Manna-Träger, er (der Speichel) hat auch exorzistische Bedeutung.« (E. Drewermann, das Markusevangelium, 1. Teil, Seite 495).
Vers 34: Jesus »sah zum Himmel und seufzte und sprach zu ihm: Hephata ...« Warum seufzt Jesus, warum schaut er zum Himmel? Sucht er dort Antwort auf seine Fragen nach dem Unverstand der Menschen oder Beistand, Hilfe bei der Heilung? Seufzt Jesus, weil sie wieder weniger auf ihn hören, als daß sie wieder und wieder Wunder von ihm verlangen? Auch diese Fragen bleiben unbeantwortet, geben wohl aber vielen Spekulationen Nahrung.
Wichtig ist nur dies: Jesu Tun und seine Aufforderung »Hephata« hat die Heilung zur Folge. Der Taubstumme kann hören und sprechen, oder, wie die Lutherbibel übersetzt: »er redet richtig.« Viele Exegeten haben daraus abgeleitet, daß der Taubstumme so stumm gar nicht war, sondern zumindest Stammellaute von sich geben konnte. Mag sein, daß dies so war, es ist allerdings m. E. für die Auslegung völlig unerheblich. Viel wichtiger ist dies: Entgegen dem Verbot, über das Gesehene, über das Wunder und die Heilung zu sprechen, reden die Leute. Mehr noch: Je mehr Jesus ihnen verbietet, darüber zu reden, desto mehr breiten sie es aus, erzählen sie es weiter. Das war damals so, das ist auch heute noch so: Sensationsgeschichten kann man nicht verschweigen, auch das Verbot, sie zu erzählen, ist völlig überflüssig. Es hält sich doch keiner daran. Im Gegenteil: es führt nur dazu, die Heilung, das Wunder in einen größeren Zusammenhang zu stellen. Dies bestätigt sich dann auch in Vers 37. Dort wird der Bezug zur alttestamentlichen Verheißung hergestellt. In Jesaja 35,1–10 glauben, sehen und hören die Menschen, die die Heilung des Taubstummen miterlebt haben, durch Jesus Christus erfüllt.
Fazit: Dies alles gilt es für die Predigt sehr wohl zu beachten. Ich neige jedoch dazu, die Perikope zu erzählen und dann den Bogen zu unserer Zeit, in das Jahr 1997 zu schlagen.

Vorschläge zur Liturgie

Lieder
EG 432,1–3 Gott gab uns Atem
EG 303,1-2-4 Du meine Seele singe
EG 166,1–3.6 Tut mir auf die schöne Pforte
EG 171,1–4 Bewahre uns, Gott

Fürbittengebet
Herr, unser Gott, so wie uns dein Sohn Jesus Christus angewiesen hat, kommen wir im Gebet mit Bitten zu dir. Und dabei möchten wir besonders für die Menschen bitten, die um uns sind. Manche haben eine schwere Woche gehabt, müssen besondere Belastungen tragen, oder es liegen noch schwere Zeiten vor ihnen. Für sie alle bitten wir dich: Laß sie erfahren, daß sie nicht verlassen sind.
Für die Kranken in unserer Gemeinde bitten wir dich, für die, die einsam und verlassen sind, für die, die nur noch Dunkelheit auf ihren Wegen sehen, für die, die krank sind an Leib und Seele. Sei du ihnen Halt und Kraft.
Und für uns selbst bitten wir dich: Bewahre uns davor, daß wir über unsere eigenen Sorgen blind werden für die Nöte in der Welt ringsum.
Hilf uns, die Güte und Freundlichkeit weiterzugeben, die Jesus denen erwiesen hat, die sonst keinen Helfer haben.
Wir bitten dich, laß uns in deine Liebe und Güte gehüllt geschützt in die neue Woche hineingehen. Amen.

Segensbitte
(von Nathan Söderblom)
Herr, sei vor uns und leite uns,
sei unter uns und trage uns,
sei über uns und segne uns,
sei um uns und schütze uns,
sei in uns, daß Geist, Seele und Leib,
dein Eigentum, dir recht dienen und
deinen Namen heiligen.
Amen.

Psalm 139 wie abgedruckt im Evangelischen Gesangbuch unter Nr. 756. Der Psalm sollte im Wechsel zwischen Liturg und Gemeinde gesprochen werden.

Vorschlag zur Predigt

Möglicher Anfang
Liebe Gemeinde,
über die Heilung eines kranken Menschen will ich heute erzählen und darüber, was diese Heilung, das Wunder mit uns heute lebenden Menschen zu tun hat.
Aber: zuerst die Heilung.
Es ist das Jahr 32 nach Christi Geburt. Jesus und seine Freunde, die Schar der Männer und Frauen, die ihn begleiteten, wandern durch den Norden Israels, durch die Gegend, in der kaum noch Juden wohnen. Eigentlich

wohnen überhaupt nur wenige Menschen dort. Nur vereinzelt findet man kleine Städte oder Dörfer an. Aber - wie das so ist - je kleiner das Dorf, desto schneller spricht sich das Neueste vom Tage herum. Gerade dort, wo es keine Zeitungen, Rundfunkgeräte oder Zeitschriften gibt, da sagt es einer dem anderen. Man redet miteinander, teilt sich das Neueste mit: beim Schwatz mit den Nachbarn, beim Tränken der Schafherden, bei einer Begegnung auf der Straße. »Hast du schon gehört...«, so fängt manches Gespräch an. Zu hören und weiterzureden gibt es viel in diesen Zeiten. Es spricht sich schnell herum, daß Jesus über die Dörfer zieht. Jesus, der Jude, der Rabbi, Jesus, dem eine große Schar Männer und Frauen, die sich seine Jünger nennen, folgt. Jesus, der von Gott erzählt: so gut und so neu erzählt, daß jeder zuhören will. Jesus, der sogar kranke Menschen heilen kann. »Hast du schon gehört..., Jesus ist im Lande, gar nicht weit von uns entfernt.« Und während sie so miteinander reden und überlegen, ob sie nicht auch hingehen sollen, ihn anschauen: sozusagen leibhaftig sehen, fällt ihr Blick auf den Taubstummen. Er wohnt im Dorf, - wie sie, aber sie können nicht mit ihm reden, - er kann nicht hören, und er kann nicht sprechen. Es ist schwer, sich mit ihm zu verständigen. Auf manche Dinge kann man ja mit dem Finger zeigen, manches kann man aufmalen, aber eigentlich ist es ihnen zu mühsam. So steht er abseits: der Taubstumme. Er weiß nichts von Jesus, er hat noch nicht von ihm gehört, weil er nicht hören kann, und er hat noch nicht von ihm gesprochen, weil er nicht sprechen kann.

»Wir nehmen ihn mit«, sagen die aus dem Dorf. »Wir nehmen ihn mit zu diesem Jesus.« Nein, er versteht es nicht, was sie von ihm wollen, er versteht nicht, warum sie ihn bei der Hand packen und sie hinausgehen auf die Straße, hinausgehen aus dem Dorf, hin zu der Ebene, zum Grasland, wo die Schafe geweidet werden. Obwohl: es ist schon seit langer Zeit trokken, der Boden sieht braun und verdorrt aus. Aber dann sieht er viele andere Menschen, eine große Menge. Das beruhigt ihn ein wenig, denn es ist schon unheimlich, nicht zu wissen, wohin sie ihn bringen wollen. Nur, wenn andere da sind, dann können sie ja wenigstens nichts Böses vorhaben. Sie bahnen sich einen Weg durch die Menschenmenge. Ihn, den Taubstummen, haben sie in ihre Mitte genommen. Sie bleiben stehen, sie scheinen ihr Ziel erreicht zu haben. Er, der Taubstumme, blickt den Fremden, der vor ihm steht, an. »Der tut mir nichts«, denkt der Taubstumme. Da nimmt ihn der Fremde beiseite, führt ihn aus der Menge heraus, ein wenig abseits. Der Fremde schaut ihn an, - schaut ihn an, als würde er ihn schon ganz lange kennen. Nein, der Taubstumme hat keine Angst. Jetzt steckt ihm der Fremde die Finger in die Ohren. Dann tut er etwas Speichel auf seinen Finger und berührt damit seine Zunge. »Das tut Mutter auch«, denkt der Taubstumme. »Wenn ich hingefallen bin und blute, dann tut Mutter mir ein bißchen Speichel darauf, dann nimmt sie mich in den Arm und drückt mich.« Der Taubstumme lächelt bei der Erinnerung daran.

Der Fremde holt tief Luft, schaut zum Himmel und sagt: »Hephata.« Das hat er gehört, ganz laut und deutlich: »Hephata.« »Tu dich auf.« Aber er kann doch gar nicht hören und doch hat er das Wort gehört »Hephata, tu dich auf«, und er kann auch sprechen, und während er das noch denkt, merkt er, daß die ersten Worte über seine Lippen gehen: richtige Worte. Worte und Sätze, die die anderen verstehen, die der Fremde versteht. Und der Fremde dreht sich um zu den Wartenden, die jetzt vor Freude über das, was sie da sehen und hören, laut rufen. Er sagt ihnen: Erzählt niemandem, was ihr gesehen habt, erzählt niemandem, was ihr gehört habt. Aber die Leute hören schon gar nicht mehr hin. Sie umringen den Taubstummen, der - durch ein Wunder, das er selbst erlebt hat - sprechen und hören kann. Sie umringen ihn und reden auf ihn ein. Sie sagen: Der da, der dich geheilt hat, heißt Jesus. Man nennt ihn auch Rabbi, manche sagen, er ist Gottes Sohn. Auf jeden Fall wissen wir jetzt, denn wir haben es erlebt und gehört: Die Heilszeit ist angebrochen, der Messias ist gekommen, so, wie es der Prophet Jesaja vorhergesagt hat: Denn dieser Jesus macht die Tauben hörend und die Sprachlosen redend.

Ja, liebe Gemeinde, so oder so ähnlich muß das damals gewesen sein, als Jesus den Taubstummen geheilt hat. Danach wird nichts mehr erzählt von dem Taubstummen, weder, ob das Wunder der Heilung anhält, noch, ob er ein Jünger Jesu wird, ob er später viel hörte, hinhörte, überhörte oder ob er redete, daherredete, wichtige Worte redete. Nichts erfahren wir mehr über den Taubstummen, gar nichts.

Wie es weiterging mit dieser Geschichte der Heilung des Taubstummen, da sind wir unseren Gedanken überlassen. Und weiter ist die Geschichte wirklich gegangen. Dabei spielte dann das Wort »Hephata«, »tu dich auf«, das Jesus gesprochen hat, eine große Rolle. Die Jünger Jesu, die Menschen, die an Jesus glaubten, sich auf seinen Namen taufen ließen, über ihn erzählten, denen ging das Hephata-tu dich auf nicht mehr aus dem Kopf. Einige sagten: Hephata, das ist ein Schlüsselwort, das soll nicht nur die Ohren des Taubstummen aufschließen, sondern auch die Herzen der Jünger Jesu, der Christen. Dann sahen sie sich um und erkannten: Unter uns sind noch so viele, die nicht hören und nicht sprechen können, die darauf warten, daß ein Wunder geschieht, daß ihnen Ohren und Lippen geöffnet werden. Und weil die Christen wußten, daß nur Jesus die großen Wunder tun kann, haben sie im Kleinen angefangen zu helfen. Weil sie wußten und wissen, daß mit Jesus das Reich Gottes angebrochen, wenngleich auch noch nicht vollendet ist ...

»Hephata« heißt eine Klinik für Menschen, die taubstumm sind. Dort in Hephata lernen sie - ganz langsam und mit ganz viel Geduld - auf ihre ihnen mögliche Art zu reden: mittels der Gebärdensprache zum Beispiel, oder zu hören, indem sie von den Lippen ablesen.

»Hephata« - so könnte auch das Beratungszentrum heißen, das - unterstützt von den Kirchen - Therapeuten und Psychologen angestellt hat, um

dort den Menschen zu helfen, deren Ohren wie verstopft und deren Lippen wie versiegelt sind. Menschen, die Angst haben zu sprechen und es nicht aushalten, wenn sie Reden über die Welt hören. Menschen, deren Seele verstummt ist. Psychisch kranke Menschen, die stumm nach Hilfe schreien. Hephata - tu dich auf!
An dieser Stelle können Einrichtungen und diakonische Maßnahmen usw. genannt werden ...

Gedankenskizze zum weiteren Verlauf
In diesem zweiten Teil könnten Einrichtungen und diakonische Maßnahmen usw. genannt werden. Bitte keine Auflistung verschiedener Einrichtungen, sondern Beschränkung auf die Beschreibung einer, evtl. zweier Einrichungen. Für den Hörer wäre es gut, die Einrichtung wenigstens vom »Hörensagen« zu kennen, ansonsten besteht ja die Möglichkeit, am Ausgang Informationsmaterial zu verteilen (muß nicht sein, ist aber wichtig zur Vertiefung beim Hörer!). Wichtig: Die Verbindung christlicher Auftrag - diakonische Einrichtung darf nicht verlorengehen.

Schlußgedanken
Zum Abschluß der Predigt würde ich noch einmal auf die Perikope zurückkommen. Vielleicht so:
»Hephata - tu dich auf«, vor fast 2000 Jahren sagte Jesus dies zu einem taubstummen Menschen. Die das sahen, wunderten sich und sprachen: »Dieser Jesus hat alles wohl gemacht; die Tauben macht er hörend und die Sprachlosen redend.« Amen.

Kontexte

Beispiel »Genie« aus: Eugen Drewermann, Das Markusevangelium, Erster Teil, © Walter-Verlag AG, Zürich und Düsseldorf 1987
»Am 4. November 1970 fand man in den Vereinigten Staaten ein Mädchen im Alter von dreizehn Jahren und sieben Monaten. Genie war von ihrem psychotischen Vater vom zwanzigsten Lebensmonat an in eine kleine dunkle Kammer eingesperrt worden. Kein menschliches Wort durfte an das Ohr des Mädchens dringen. Als man es fand, war es 1,35 m groß, wog ganze fünfundzwanzig Kilo und war außerstande, gerade zu stehen oder Nahrung bei der Essensaufname zu kauen. - Seither hat Genie jede Art von Zuwendung und Fürsorge erfahren, um die schweren Entbehrungen so vieler Jahre zu überwinden. Aber es dauerte fast sieben Jahre, ehe man von der nunmehr Zwanzigjährigen berichten konnte, sie habe als erste schriftliche Äußerung ein Bild mit ein paar Worten gemalt. Es handelte sich um die Umrißzeichnung einer Frau, die Genie unterschrieben hatte mit den Worten: ›Ich vermisse Mama.‹ Die linke Hand dieser Frau hatte sie sehr groß gemalt und eigens hinzugefügt: ›Mamas Hand.‹ Auf dem Arm dieser Frau aber hatte sie ein puppenähnliches Wesen gezeichnet und dabeigeschrieben: ›Baby Genie‹. - Es gibt in der gesamten

psychologischen Literatur kein Beispiel, das so erschütternd und nachhaltig zu zeigen vermöchte, was wir Menschen benötigen, um sprechen zu lernen und was wir als erstes sagen würden, wenn wir sprechen dürften.«

»Man sollte alle Tage wenigstens ein kleines Lied hören,
ein gutes Gedicht lesen,
ein treffliches Gemälde sehen,
und wenn es möglich zu machen wäre,
ein paar vernünftige Worte sprechen.«
(J. W. von Goethe)

13. Sonntag nach Trinitatis

Annäherungen an den Predigttext
Lukas 10,25-37

Helmut Liersch

Zwei Frauen wollen sich über den Text unterhalten. Aber zunächst reden sie ein wenig über sich selber, über ihre Vergangenheit, darüber vor allem, wie sie ihre Mütter erlebt haben. Die eine Frau, S., erinnert sich schmerzhaft daran, daß ihre Mutter nie kam, wenn sie als kleines Kind mit Ängsten in ihrem Bett lag. Wenn da nicht der Nachbar gewesen wäre, der häufig bei den Eltern zu Besuch gewesen war; der schaute gelegentlich nach und beruhigte die Kleine. –
Aber dann drängt die Zeit: Es soll etwas über den Text vom Barmherzigen Samariter gesagt werden ... Das fällt schwer, jetzt, im Anschluß an so schwerwiegende Erinnerungen an die Kindheit. Der Text scheint zu bekannt, als daß er noch etwas Neues hergeben könnte. Bis, ja, bis beiden Frauen plötzlich auffällt: Diese biblische Geschichte ist ja ganz nahe dran an dem, was wir uns da eben erzählt haben: vorübergehen am Leid des anderen. In der biblischen Geschichte sind es die »religiösen« Gestalten, von denen man es eigentlich erwartet, daß sie wissen, was gut ist. Sie gehen vorüber. In der Erinnerung von S. ist es die Mutter, die doch geradezu dafür bestimmt scheint, ihrem verängstigten Kind beizustehen. Sie kommt nicht, obwohl doch eine Mutter schon von der Definition her jemand zu sein hätte, die immer hilft ... Ein anderer dagegen, einer, der eigentlich nicht »zuständig« ist, hilft.
Diese Parallele fasziniert die beiden Frauen S. und I. und regt sie zum weiteren Nachdenken an: Ist es nicht ein viel größeres Leid, von der eigenen Familie verlassen zu werden als von ferner stehenden Dritten? Wird die Seele nicht da viel tiefer verletzt, wo die Gewährung von Hilfe selbstverständlich schien? Und welche Folgen hat das für die, die nicht geholfen haben? Wie werden sie damit fertig? Wird da nicht negative Energie in ihnen frei? Werden sie nicht dauerhaft belastet, sind sie nicht innerlich stigmatisiert, weil sie den leidenden Menschen einfach liegengelassen haben? Wie mag es meiner Mutter damit gehen? Der andere dagegen, der geholfen hat: geht der nicht fröhlich seines Weges? Macht er sich nicht geradezu »unsterblich« in der Erinnerung dessen, dem er geholfen hat?

Was hat dieser Dritte anders gemacht als Priester und Levit, als die Mutter? Vielleicht ist es das: Er hat Seele, innere Kraft und Gemüt sprechen lassen, also so geliebt, wie Gott das von ihm erwartet. Er handelt nicht »aus dem Kopf heraus«, nicht nach einem von außen kommenden Gesetz. Am Leidenden vorübergehen wird wohl nur jemand, bei dem das Gemüt von allerlei Wissen und »Richtigkeiten« überlagert ist. Man sollte nun glauben, daß gerade Menschen in »professionellen« Rollen wie Priester, Levit oder Mutter ihre Aufgabe so verinnerlicht haben, daß sie von innen heraus das Richtige tun. Aber offensichtlich ist das nicht automatisch so. Warum nicht? Vielleicht, weil sie sich letztlich nicht zu ihrer »beruflichen« Rolle innerlich entschieden haben; weil sie emotional überfordert sind mit dem, was ihre Aufgabe ist: Gott von ganzem Herzen dienen, eine liebevolle Mutter sein - das alles kann auch zuviel werden. Wenn Anforderungen nur noch von außen auf mich zukommen und so forderndes und überforderndes Gesetz werden, dann kann das offenbar zu Fehlhandlungen führen. Ein Gesetz, das zum Zwang wird, blockiert positive Energien. Es verhindert genau das, was es intendiert. Wahrscheinlich hängt ganz viel daran, den Sinn der drei Wörtlein »... wie dich selbst« für sich zu entschlüsseln. Es steckt darin wohl die Antwort auf das Gefühl, immer wieder mit Aufgaben überfordert zu sein und mehr geben zu müssen als man empfängt.
Die beiden Frauen, S. und I., geraten durch den scheinbar so vertrauten Bibeltext in ein langes Gespräch. Sie denken darüber nach, wie sie selbst ihre Aufgaben wahrnehmen. Sie fragen sich, ob der Energiefluß gewährleistet bleibt, ob da ein ausgewogenes Verhältnis besteht von Liebe zu Gott, Liebe zum Nächsten und Liebe zu sich selbst. Und sie hoffen, daß ihnen das gelingt: das, was sie tun, vom Herzen her zu tun, als von der Seele kommend, vom Gemüt ...

Zum Gottesdienst

Bernd Giehl

Exegetisch-homiletische Skizze

Ja, es ist wahr, was Helmut Liersch in den »Annäherungen« feststellt: »Der Text erscheint zu bekannt, als daß er noch Neues hergeben könnte.« Diese Geschichte gehört zu den Perikopen, die fast zu Tode geliebt worden sind. Wenn es so etwas wie einen kleinsten gemeinsamen Nenner, auf den sich Distanzierte und Kerngemeinde in Sachen »Christsein« einigen können, gibt, dann ist es der Punkt »Nächstenliebe«. Und nichts wird von anderen so scharf beobachtet wie die Zuwendung, die ein Christ für seine Mitmenschen aufbringt. Da ist das Urteil über die (angeblich) nur äußerliche Frömmigkeit eines anderen Menschen schnell fertig. Insofern ist es wohltuend und hilfreich, daß in den sehr gelungenen Annäherungen beides festgehalten wird: die beinah schon erschreckend alltägliche Erfahrung, daß selbst jemand, der einem anderen nahesteht, dessen Not nicht sieht, wie auch jene andere Erfahrung des »Zuviel«: daß Menschen wirklich auch zuviel gefordert werden können.

Und doch ist diese Perikope wichtig. Weil sie noch einmal betont, daß es keine Gottesliebe geben kann, ohne die Liebe zum (konkreten) Nächsten. Weil sie daran erinnert, daß es jedermann und jede Frau sein kann, die in eine Situation kommen können, wo sie der Hilfe bedürfen.

Da die Perikope so bekannt ist, möchte ich mich exegetisch auf einige Anmerkungen beschränken. Lukas gibt seinem Gleichnis, bzw. seiner »Beispielgeschichte«, die nur er überliefert, einen Rahmen, indem er sie mit einem Lehrgespräch verbindet, das er schon bei Markus (Mk 12,28-31) vorfindet. Die Unterschiede sind gering: Bei Markus fragt der Schriftgelehrte nach dem höchsten Gebot; bei Lukas nach dem Weg zum ewigen Leben. Bei Markus antwortet Jesus dem Fragenden; bei Lukas - der den Schriftgelehrten viel kritischer sieht - muß der Mann seine Frage selbst beantworten. So oder so - die Sache läuft bei beiden auf das Doppelgebot der Liebe hinaus. Im Markusevangelium wird der Schriftgelehrte von Jesus gelobt; Lukas dagegen spitzt die Situation mit der Frage des Schriftgelehrten »Wer ist denn mein Nächster?« zu, was dann das Gleichnis vom »barmherzigen Samariter« provoziert. Dieses Gleichnis - da hat Walter Schmithals in seiner Auslegung »Das Evangelium nach Lukas« (Zürcher Bibelkommentare, Zürich 1980) schon recht, enthält eine deutliche Spitze gegen den Fragenden. »Nicht um theoretische Diskussion bzw. um tote Rechtgläubigkeit kann es gehen, sondern um das mit dem Doppelgebot der Liebe als richtig Erkannten.« (a.a.O., Seite 127). Eduard Schweizer meint in seiner Auslegung der Stelle (»Das Lukasevangelium«, NTD, Göttingen 1982, Seite 122) der Fragende wollte bei dem, was er schon weiß, stehenbleiben, während Jesus »mit ihm weiterkommen« will. Die Geschichte selbst wird bei beiden nur kurz beleuchtet. Warum Priester und Levit keine Hilfe leisten, erklärt Schweizer mit den Worten, beide hätten das Gesetz schon erfüllt - das setzt voraus, daß sie auf dem Heimweg von ihrem Dienst im Tempel sind. Aber Schweizers Argumentation überzeugt weniger als die umgekehrte Annahme, daß beide auf dem Weg zum Tempel sind und ihnen deshalb die Berührung mit Blut oder gar einer Leiche auf keinen Fall gestattet ist. Aus der Perspektive des Verletzten am Boden ist das jedoch ein schwaches Argument, und das Gleichnis erzählt nun einmal ausschließlich aus dieser Perspektive. Daß ausgerechnet der von den orthodoxen Juden verachtete Samaritaner hilft, ist sicherlich ein (nötiger?) Affront. Auf jeden Fall läßt er aufhorchen: Warum erzählt Jesus das? Und spätestens am Schluß wird dann klar, daß die Geschichte die Blickrichtung umgekehrt hat.

Denn nicht auf die Frage »Wer ist denn mein Nächster?« hat sie geantwortet, sondern sie hat dem Fragenden suggeriert, er werde den »Nächsten« schon sehen; jedenfalls dann, wenn er dazu bereit sei. Nicht »Wer ist denn mein Nächster?« soll die Frage zukünftig heißen, sondern »Wem muß ich zum Nächsten werden? Wer braucht meine Hilfe am nötigsten?«
So weit, so klar. Aber wie diese Geschichte nun predigen? Wo ist der Ansatzpunkt? Gerade weil diese Geschichte so bekannt ist, weil jeder weiß, was sie sagen will oder es vielleicht auch nur zu wissen glaubt, scheint es mir besonders wichtig, genau zu reflektieren, wo man ansetzt. Hier kann ich mir zwei unterschiedliche Möglichkeiten vorstellen. Die eine Möglichkeit sehe ich darin, dem Gleichnis ein wenig von seiner ursprünglichen Schärfe wiederzugeben. Daß die hochangesehenen Vertreter der Religion an dem Verletzten vorbeigehen, ohne zu helfen, während ausgerechnet der »aussätzige« Samariter vom Esel steigt, war ganz sicher eine Zumutung für die ersten Hörer. Ohne christliche Scheuklappen gelesen, schildert die Geschichte die Welt anders, als wir sie gerne wahrnehmen: als Ort, an dem die Zuwendung zum leidenden und der Hilfe bedürftigen Nächsten eher die Ausnahme ist, wo jedenfalls eine Menge Leute eine Menge guter Gründe haben, um nicht zu Hilfe zu kommen. Daß man die Geschichte auch so lesen kann, habe ich am deutlichsten bei einem Schriftsteller gesehen, bei Carl Amery nämlich, der in dem Buch von Walter Jens »Der barmherzige Samariter« (Kreuz Verlag 1973) den »Nebenfiguren« eine (jeweils eigene) Stimme leiht. Da sinnt der Priester über den Konfilkt zwischen seiner Liebe zum Nächsten und der zu den Gesetzen des Bundes nach, die es ihm eben nicht erlaubten, dem Nächsten zu Hilfe zu eilen; der Levit äußert sich in schönster marxistisch-leninistischer Diktion über den Nazarener, der die Situation »idealistisch-individualistisch« statt »strukturell« beurteilt und entschuldigt sich mit dem Argument, helfen habe in diesem Fall nur bedeutet, an Symptomen herumzudoktern statt durch systematische Entlarvung des Systems den Druck in eben diesem System zu erhöhen, und der Räuberhauptmann schließlich erkennt in Jesus den, der die Welt des Fressens und Gefressenwerdens und damit auch ihn auf eine vorher nie gekannte radikale Weise in Frage stellt.
Die andere Möglichkeit setzt darauf, daß die Verbindung zwischen Rahmen und Gleichnis doch nicht so schwach ist, wie manche meinen, daß es da eine innere Logik gibt, die von der Frage nach dem ewigen Leben über die Gottes- und die Menschenliebe bis zur Frage Jesu führt: »Welcher dünkt dich, der unter diesen dreien der Nächste sei gewesen dem, der unter die Räuber gefallen war?« und daß die Geschichte, die Jesus erzählt, immer noch etwas mit der Frage des Schriftgelehrten nach dem ewigen Leben zu tun hat.

Vorschläge zur Liturgie

Lieder
EG 631 »In Gottes Namen wolln wir finden ...«, EG 590 »Herr, wir bitten, komm und segne uns«, EG 621 »Ins Wasser fällt ein Stein«

Kollektengebet
Gott, nach dir suchen wir,
dich wollen wir finden
mitten in unserer Welt,
mitten im Alltag.
Wir brauchen dich,
damit unsere Wege nicht in die Irre führen.

Fürbittengebet
Gott, leicht ist es nicht
zu verstehen, daß du uns gerade
in denen begegnen willst,
die unsere Hilfe brauchen,
in denen, die arm und schwach sind.
Wenn wir uns dich vorstellen,
dann eher groß und mächtig.
Aber du willst, daß wir dich in denen finden,
die auf unsere Solidarität warten.
Herr, wir wissen nicht, wer das nachher sein wird.
Aber wir wissen: morgen oder vielleicht erst nächste Woche
wird uns jemand brauchen und vielleicht
werden wir wenig Zeit haben
oder abgespannt sein von einem langen Tag.
Aber womöglich ist es gerade der Mensch,
den du uns über den Weg schickst.
Wir bitten dich: laß uns nicht vorübergehen
an der Not derer, die uns brauchen.

Vorschlag zur Predigt

Alternative 1

Möglicher Anfang
Also, irgendwie weiß ich immer noch nicht: Soll ich den nun bewundern oder für verrückt erklären. Ich an ihrer Stelle würde die Straße von Jerusalem hinunter nach Jericho nur benutzen, wenn es unumgänglich wäre. Und wenn ich schon auf ihr unterwegs sein müßte, dann würde ich sehen, daß

ich so schnell wie möglich Land gewinne. Auch nur anzuhalten, kann den Kopf kosten. Aber was sagt man zu einem, der da 'ne halbe Stunde am Straßenrand steht und sich um einen kümmert, der liegengeblieben ist?
Weiß Gott, ich kenne diese Straße. Wie meine Westentasche. Sie ist mein Zuhause. Ich lebe von ihr, und eines Tages wird sie mein Verderben sein. Wenn du hin und wieder einmal schnell verschwinden mußt, weil ein Trupp Soldaten nach dir sucht, dann kennst du allmählich jeden Kaktus, der dort wächst und jedes Sandkorn. Aber solange ich noch gewitzter bin als die Herren Römer, solange meine Augen noch scharf sind, meine Beine noch schnell und mein Verstand nicht vertrocknet, solange werde ich Herr dieser Straße sein. Ich und meine Leute.
Nein, ich habe keine Gewissensbisse. Dumme Frage, das. Haben Sie schon mal einen Löwen, der eine Gazelle gerissen hat, gefragt, ob die tote Gazelle ihm leid tue? Bevor ich hierherkam, war ich Tagelöhner in einer Kleinstadt nahe Jerusalem. So wie hundert andere. Zwei, drei Grundbesitzer gab es im Städtchen. Ich hatte eine Frau und ein Kind zu ernähren. Mein Kind ist mit vier Jahren gestorben, weil ich nicht genug zu essen nach Hause bringen konnte. Hernach habe ich gewußt, was zu tun ist. Krieg den Palästen. Friede den Hütten.
Jeder ist sich selbst der Nächste. Das hab ich gelernt in meinem Leben. Hilf dir selbst, dann hilft dir Gott. Solange wir stärker sind als sie, solange wird es uns hier geben. Und nach uns? Ich weiß es nicht. Es kümmert mich auch nicht. Nur der Samariter: der macht mir Sorgen. Was, wenn sie jetzt anfangen, sich um die zu kümmern, die wir zusammengeschlagen haben. Wenn sie auf einmal keine Angst mehr vor uns haben? Der Verletzte am Wegrand: er hätte ja auch ein Lockvogel sein können. Na ja, es gibt halt immer noch welche mit 'nem weichen Herz. Und womöglich auch 'ner weichen Birne. Und wenn wir noch in der Nähe gewesen wären? Dann hätte er wahrscheinlich neben dem anderen im Staub gelegen. Muß eben jeder selbst überlegen, wofür er seine Haut zu Markte trägt. Wenn ihn das Fell juckt, bitte sehr ... Ich, für meinen Teil, ich habe meine Entscheidung getroffen.

Zum weiteren Verlauf
Die Verfremdung der Geschichte soll dazu dienen, daß man sie – sofern das überhaupt möglich ist – noch einmal neu hört. Und darin das Gegenmodell zu dem Lebensstil entdeckt, der heute üblich ist und der auch ungeniert gepredigt wird. In den Monaten, in denen ich diese Bearbeitung des »Barmherzigen Samariters« schreibe, im Frühjahr 96, wird gerade eine hitzige Debatte in der Politik und den Medien geführt, ob der Sozialstaat überhaupt noch finanzierbar sei. Die Debatte ist deshalb so schwierig, weil kaum jemand wirklich weiß, ob der momentane Umfang der sozialen Leistungen angesichts der Arbeitslosigkeit und der Staatsverschuldung in Deutschland noch finanzierbar ist oder nicht. Aber das schwierigste Problem ist, daß viele, die für den »Umbau des Sozialstaats« votieren, gar nicht

dessen »Umbau«, sondern vielmehr seinen Abbau meinen. Es scheint, daß viele das soziale System der »alten« Bundesrepublik als eine (Alt)last empfinden, die sie »entsorgen« möchten. Nicht mehr »Solidarität der Starken mit den Schwachen«, sondern »Eigenverantwortung« und »Leistung« sollen in Zukunft im Vordergrund stehen. Oder deutlicher gesagt: Die Starken sollen gestärkt werden; der Rest kann sehen, wo er bleibt. In die gleiche Richtung geht dann auch die Debatte über die Senkung der Steuern nach der Devise »Leistung muß sich wieder lohnen«.
Diese Tendenz der »Individualisierung« ist m. E. an vielen Stellen zu sehen; sei es im wieder ungenierten zur Schau stellen von Reichtum oder sei es in den Berichten von Überfällen in U-Bahnen oder auf Schulhöfen, wo viele Menschen zusehen und keiner dem Überfallenen zu Hilfe kommt. »Was geht mich der andere an; ich muß selbst sehen, wie ich klarkomme« – Sätze wie dieser scheinen immer mehr zum Motto der Neunziger Jahre zu werden. Natürlich hat eine solche Entwicklung viele Ursachen, aber eine der wichigstem scheint mir in der wachsenden Arbeitslosigkeit zu liegen, die auch Menschen bedroht, die sich lange Zeit auf der sicheren Seite des Lebens glaubten.
Mit seinem Gleichnis wirbt Jesus für ein anderes Modell. Weil das Gleichnis aus der Perspektive des Überfallenen erzählt wird, erlebt der Zuhörer die Handlung aus der Sicht dessen, der Hilfe braucht. Er kann sich die Gefühle des hilflosen Mannes gut vorstellen, wenn zuerst der Priester vorübergeht und dann der Levit. Und so braucht ihm auch nicht erst umständlich erklärt zu werden, warum er anderen Menschen Hilfe leisten soll. (Warum also die Geschichte nicht noch einmal ausdrücklich aus der Sicht des Mannes am Boden erzählen?)
Ob man auch auf das Gefühl eingehen sollte, es gebe zu viel Not auf der Welt, als daß man allen helfen kann? Ich muß gestehen, daß ich hier unsicher bin. Angesichts der Spendenaufrufe, die mir jeden Tag ins Haus flattern, der vielen Bettler in den Fußgängerzonen der Großstädte und überhaupt der sozialen Anliegen, denen Kirche sich verpflichtet weiß, kann einen das Gefühl ja schon einmal ankommen. Wahrscheinlich bleibt gar nichts anderes als zu wählen: für diesen Zweck gebe ich Geld, für jenen nicht. Oder um ein besonders krasses Beispiel zu wählen, das aber im Moment einige Wiesbadener Gemeinden, darunter auch meine, beschäftigt: dieser Familie gewähren wir Kirchenasyl, um sie vor der Abschiebung zu bewahren, und anderen können wir nicht helfen. Auch in solchen Fällen kann man nur punktuell ein Zeichen setzen. Aber vielleicht ist mehr von uns auch gar nicht gefordert.

Alternative 2

Möglicher Anfang
Verstehe mir einer diesen Evangelisten. Da kommt jemand zu Jesus mit einer Frage, von der unsereiner nur träumen kann, und Lukas ist plötzlich

nicht nur hellwach, sondern auch mißtrauisch. »Meister, was muß ich tun, daß ich das ewige Leben ererbe?« Wer fragt da bitte? Ein Schriftgelehrter? Womöglich will der mit dieser Frage Jesus fangen? – Es tut mir leid, lieber Herr Lukas, aber in diesen Worten kann ich den Widerhaken beim besten Willen nicht entdecken. Ich denke, da fragt einer aus wirklichem Interesse und nicht, weil er dem Mann aus Nazareth endlich etwas anhängen möchte. Und auch Jesus hört sich nicht an, als sei er ärgerlich über die Frage. Er verweist den Frager auf das, was er kennt, das »Schema jisrael«, das »Höre Israel, der Herr, unser Gott, ist allein Herr.« Vielleicht ist es die Hinzufügung der Nächstenliebe, die den Fragenden überrascht, weil er das »Höre Israel« für das größte Gebot gehalten hat und Jesus dem die Liebe zum Nächsten gleichstellt. Wie auch immer: Er fragt weiter: »Wer ist denn mein Nächster?« Ob nun aus diesem oder irgendeinem anderen Grund – es ist nicht wichtig. Es muß nicht gleich etwas bedeuten. Und dann erzählt Jesus die bekannte Geschichte. Vom Samariter. Und die Frage nach dem ewigen Leben? Die scheint nun keine Rolle mehr zu spielen. Plötzlich geht es nicht mehr um letzte, sondern scheinbar um relativ profane Dinge: »Wer ist denn nun mein Nächster?« So jedenfalls sieht es aus. Nichts mehr von Gottesliebe. Und erst recht nichts mehr von ewigem Leben. Ja, sagen die Theologen, das liegt eben daran, daß Lukas zwei Geschichten zusammengefügt hat, die ursprünglich gar nicht zusammengehörten.
Oder verhält es sich am Ende doch noch etwas anders? Geht es vielleicht doch immer noch – wie verborgen auch immer – um die Frage nach dem ewigen, dem »richtigen« Leben? Um die Frage, wo man Gott finden kann? Vielleicht sind die schlauen Theologen, die alles und jedes erklären können, manchmal doch blind? Schauen wir einmal; vielleicht entdecken wir doch eine Verbindung zwischen der Geschichte, die Jesus erzählt und der Frage des Schriftgelehrten nach dem Ewigen Leben.

Zum weiteren Verlauf
An dieser Stelle würde ich die Handlung des Films »Der liebe Gott im Schrank« erzählen. Gesa, ein Mädchen von 8 oder 9 Jahren, geht an diesem Tag früher ins Bett als gewöhnlich. Ihr Vater will ihr noch eine Gute-Nacht-Geschichte vorlesen, aber Gesa will beten. »Lieber Gott, ich hab schon zu Abend gegessen; wir haben dir noch etwas übrig gelassen; es gibt Kartoffelsalat und Würstchen und wenn du willst auch noch Butterbrot.« Durch Gesas intensiven Blick zum Schrank ahnt der Vater etwas und tatsächlich: Aus dem Schrank steigt ein ungepflegt aussehender Mann, ein Penner. Gesa hält den Mann, den sie in der Kirche getroffen hat, für den lieben Gott. Die Erwachsenen machen dem Mann etwas zu essen, und der Vater läßt sich von Gesa erzählen, wie sie den »lieben Gott« kennengelernt hat. In Rückblenden wird dann von Gesas Begegnung mit dem »lieben Gott« erzählt, wie die Putzfrau ihn entdeckt und ihn unsanft hinausbefördert, wie Gesa hinfällt und der Penner den Schmerz »wegzaubert«, wie er in einer

Bäckerei Kuchenreste erbettelt und es ihm nicht einfällt, einem Kind zu helfen, das von einem stärkeren Kind bedroht wird, wie Gesa ihn dann dafür »bestraft«, als sie ihn in einem Abfallcontainer, in dem er beim Wühlen eingeschlossen wurde, erst einmal zappeln läßt und ihn erst nach ein paar Minuten befreit und wie sie ihm erzählt, wie enttäuscht sie war, als er dem Jungen nicht geholfen hat. Nicht nur, weil er hungrig war, hat sie den »lieben Gott« mit nach Hause genommen, sondern auch, damit die Eltern, die immer behaupteten, es gebe den lieben Gott gar nicht, ihn einmal kennenlernen. Am Ende verläßt der Penner das Haus, die Familie schaut ihm nach.

Mir gefällt an diesem Film sehr gut, daß er die kindliche Idee Gesas »Wer in der Kirche wohnt, kann nur der liebe Gott sein« konsequent durchhält. Warum nicht einmal unser Bild vom starken und mächtigen Gott so radikal in Frage stellen lassen. Es gibt viele Bilder von Gott und sicher auch viele Arten, ihm zu begegnen. Womöglich begegnet er mir gerade in dem Obdachlosen, der an meiner Tür klingelt und etwas zu essen haben will? Gibt es da nicht auch eine andere Geschichte, die davon erzählt? »Ich bin hungrig gewesen, und ihr habt mir zu essen gegeben, ich bin nackt gewesen, und ihr habt mich bekleidet« (Mt 25,13 f.).

Was muß ich tun, um in meinem Leben Gott zu begegnen? Genau hinschauen. Und offen sein für die Begegnung mit ihm.

14. Sonntag nach Trinitatis

Annäherungen an den Predigttext
Lukas 17,11-19

Christoph Schmidt-Ehmcke

Beobachtungen von 16jährigen Schülerinnen und Schülern

Isabel: Warum kehrt nur der eine wieder zu Jesus zurück? Was geht in seinem Inneren vor, daß er glaubt, zurückkehren zu müssen?
Der Mann fällt vor Jesus auf die Knie. Dadurch vergöttert er Jesus. Das finde ich übertrieben. Ein Handschlag und ein paar nette Worte hätten auch gereicht.
Katharina: Ein typischer Bibeltext - alle vergöttern Jesus.
Daniela, Tim, Thomas: Jesus bezeichnet den Samariter als »Fremden«. Das wundert mich, das ist abwertend, ein Vorurteil.
Christina: Irgendwie ist die Geschichte langweilig. Es ist doch allgemein bekannt, daß Gott oder Jesus gute Taten gemacht haben. Heute merkt man davon nicht viel.
Gab es keine aussätzigen Frauen?
Catharina: Ich finde, daß diese Geschichten unrealistisch wirken. Zum Schluß danken die »Geheilten« immer Gott dafür, daß sie wieder sehen, gehen, hören oder sprechen können.
Außerdem heilt er immer nur Männer!
Alexandra: Was heißt »rein«? Heißt das »gesund« oder noch etwas anderes?
Sonja: Der Satz »Dein Glaube hat dir geholfen« beeindruckt mich. Aber ich finde es schwierig, diesen Satz auf mich zu beziehen. Denn in unserer Zeit kann einem alles helfen, denkt man, und man hat kaum Glauben.
Meike und Inka: Die Geschichte soll belehren: Man muß für alles, was man bekommt, dankbar sein.
Auch heute beten viele Menschen, wenn sie etwas brauchen, danken aber nicht, wenn sie es bekommen haben.

Notizen aus dem Gespräch einer Ausbildungsgruppe von Vikarinnen und Vikaren über die Schüleräußerungen

Nur einer kommt zurück ...
Gibt es nicht eine 10%-Regel? 80% schwimmen mit, 10% sind dagegen und 10% dafür?

Jesus vergöttern ...
Was haben die Schülerinnen und Schüler dagegen? Vergöttern sie nicht auch ihre Stars? Oder schwingt in ihrer Vergötterung ein Protest mit, von dem hier, gegenüber Jesus, ja nicht die Rede sein kann? Ist also die Identifikation mit einem Star anders als die des Geheilten mit Jesus?
Nur Männer werden geheilt ...
Diese Beobachtung zeigt, wie sensibel bereits junge Mädchen für das Rollenproblem geworden sind. Obwohl hier doch die Männer massiv kritisiert werden. Vielleicht rührt die Sensibilität auch daher, daß mit der Bezeichnung »Aussätziger« die Erfahrung von »Ausgrenzung« (von Frauen) angesprochen wird.
Langweiliger, typischer Bibeltext ...
Könnte man diesen Eindruck durch neue Sprache oder durch eine Paraphrase der Geschichte vermeiden? Es ist wohl unmöglich, eine neue Unmittelbarkeit zu solchen Texten herzustellen.
Der Fremde, der Samariter ...
Daß der dankbare Geheilte ein Samariter ist, fällt auch uns zum ersten Mal auf. Das ist noch einmal eine Geschichte in der Geschichte - ein Nicht-Israelit wird ein Jünger Jesu (im weiteren Sinne). »Der Fremde« - zitiert Jesus hier ironisch seine Zeitgenossen?
Wunder und Glaube ...
Nur einer »glaubt« auf das Wunder hin. In Abwandlung von Goethe: »Der Glaube ist des Wunders seltenstes Kind.«
Worin genau besteht das Wunder? Im außergewöhnlichen Ereignis der körperlichen Heilung oder im Glauben? Oder ist beides »Wunder«? Heutige Predigten lassen das außergewöhnliche (körperliche) Ereignis gern schnell hinter sich, um zum »eigentlichen« Ereignis des Glaubens zu kommen. Müssen wir nicht beide Ereignisse zusammenhalten?
Vielleicht kann man diese Aufgabe über eine kleine Beobachtung an der Geschichte lösen: Die Heilung geschieht »von ferne« - das außergewöhnliche Ereignis ist also unterschiedlich, auch ohne Jesus, interpretierbar. Sie aber als Erweis der Gegenwart Gottes zu erfahren, wird nur »in der Nähe« Jesu möglich.

Zum Gottesdienst

Klaus Johanning

Exegetisch-homiletische Skizze

Lauter freche Gedanken und viele Fragen kommen mir, wenn ich diese Geschichte aus dem Lukasevangelium lese und die »Annäherungen« danebenhalte.

»Man muß für alles, was man bekommt, dankbar sein«, sagen Meike und Ina. Ich weiß nicht, wie oft ich diesen Satz als Gemeindepfarrer schon gehört habe - vor allem bei Geburtstagsbesuchen und Ehejubiläen.
Im Krankenhaus ist er dagegen ziemlich selten.
Ich weiß, das klingt recht zynisch, aber: Mit der Dankbarkeit habe ich meine Probleme und zwar immer dann, wenn sie eingeklagt wird.
Nicht, daß ich selber davon nicht betroffen wäre: Da werfe ich einem Mitarbeiter zum »runden« Geburtstag ein Geschenk mit einer freundlichen Karte in den Briefkasten - aber denken Sie, liebe Leserin, lieber Leser, der hätte sich bei mir gemeldet? - »Ist denn das alles selbstverständlich?«, war meine nicht selbstmitleidfreie Reaktion.
Wer Dankbarkeit erwartet, möchte bestätigt werden, möchte gesagt bekommen: Du bist aber wirklich ein netter Mensch, ich mag dich.
Wer Dankbarkeit erwartet, möchte manchmal etwas zurückbekommen von dem, was er gegeben hat - Lebensqualität zum Beispiel. Da ist die einsame alte Dame, die sich über ihre »undankbaren« Kinder beschwert, von denen sie kaum Besuch bekommt, geschweige denn eingeladen wird.
Wer Dankbarkeit erwartet, möchte manchmal auch nur eine billige Arbeitskraft; vor allem Frauen in kirchlichen Sozialberufen wissen davon ein Lied zu singen (»Ich dien', und mein Lohn ist, daß ich darf!«).
Was erwartet Jesus eigentlich von den zehn aussätzigen Männern, denen er die Gesundheit wiedergibt? Sollen sie, wie Petrus und die anderen Fischer alles verlassen und ihm nachfolgen (Lukas 5,11)? Will er »vergöttert« werden, wie es die Schülerinnen und Schüler in den »Annäherungen« vermuten?
Der Samariter kommt zurück, um »Gott die Ehre zu geben (nicht Jesus!)«, wie Jesus sagt - als einziger.
»Da haben wir's 'mal wieder«, tönt nun so mancher Stoßseufzer aus kirchlicher Kehle, »der Glaube ist des Wunders seltenstes Kind.«
Und in der Tat: Was tut Kirche nicht alles für bedürftige Menschen! Aber wo bleibt der Dank? Achtzig Prozent, so sagen die Vikarinnen und Vikare in den »Annäherungen«, schwimmen mit (wohin?), zehn sind dagegen (gegen was denn eigentlich? Sind sie gegen Jesus, weil sie nicht kommen?), und, Gott sei's geklagt, nur zehn Prozent (mehrheitlich Frauen) dafür. Da kann man dann nur noch singen: »Danke für manche Traurigkeiten ...«.
Allerdings finden sich in der Geschichte von den zehn Aussätzigen einige Punkte, die uns zu denken geben sollten.
Alle zehn gehorchen Jesus und gehen zum Priester. Ihr Gehorsam wird mit Heilung belohnt, noch ehe sie dort ankommen. Sie müssen sich dennoch anschließend dem Priester vorstellen, damit der sie »rein« spricht, sonst könnten sie sich nach jüdischem Brauch nicht wieder unter den Gesunden niederlassen (vgl. 3. Mose 13,45 f. und 14,2 sowie Walter Grundmann, Das Evangelium nach Lukas, 10. Aufl., Berlin 1984, Seite 337).

Formal betrachtet, hat sich also niemand etwas zu schulden kommen lassen. Nichts deutet darauf hin, daß Gott bewußt mißachtet wird. Dem gesetzlichen Anspruch ist Genüge getan.
Das Gesetz verfügt allerdings auch über die nötigen Druckmittel, die eine Nichtbeachtung verhindern. Beim Dank sieht das anders aus.
Dank geht über das hinaus, was gefordert ist. Wer dankt, leistet gewissermaßen ein Extra. Während ich diese Zeilen schreibe, höre ich förmlich die Aufschreie aus pastoralen Kehlen. Sind wir Gott nicht Dank schuldig? – Eine Mehrheit von 90% meint offenbar: Nein.
Was für Gründe mag die 90% Mehrheit bewegen? Ist es reine Gedankenlosigkeit oder – im Hinblick auf die zehn Aussätzigen – eher die Sehnsucht nach dem lange vermißten »normalen Leben«? Ist Dankbarkeit vielleicht auch gerade Männern fremd, weil es ihnen traditionell schwerer fällt, sich helfen zu lassen, wie die »Annäherungen« vermuten?
Anders als beim Gleichnis vom großen Gastmahl (Lukas 14,16–24) verschweigt der Evangelist uns in dieser Geschichte die Gründe für das Fernbleiben derer, die angesprochen sind.
Ein wenig erinnern die neun »Undankbaren« an Bürgerinnen und Bürger der modernen Dienstleistungsgesellschaft, die für alles Steuern zahlen und damit jede weitere persönliche Verpflichtung für die Allgemeinheit als abgegolten betrachten. »Wozu noch zu Jesus gehen, wenn ich doch zum Priester gehe, wie es das Gesetz verlangt?« – so mögen sie gedacht haben. Heute heißt das: »Ehrenamt? – Ich zahle doch (Kirchen)-Steuern!«
Ausländischen Gästen, die zu uns kommen, fällt immer wieder auf, wie wenig unsere Gesellschaft sich ihres Reichtums und ihres Wohlstandes bewußt ist; Deutsche gelten als Menschen, die gern klagen, obwohl sie im internationalen Vergleich noch recht privilegiert leben (unsere Kirchen bilden da keine Ausnahme!). Dank könnte hier ein Stück Selbstkritik sein.
Dank hat in der Perikope Lukas 17,11–19 etwas mit »umkehren« zu tun; wohl nicht zufällig fließt in die meisten Übersetzungen in Vers 15 diese theologisch befrachtete Vokabel ein. Der Samariter »kehrt um«, um Gott zu loben und Jesus für das Geschenk seiner Heilung zu danken. Er findet nicht selbstverständlich, was ihm widerfahren ist, und er nimmt einen Umweg in Kauf, weil er etwas tun will, wozu er sich persönlich verpflichtet fühlt, ohne es vor dem Gesetz zu sein. Er geht in seine Vergangenheit zurück, geht in sich, und aus dieser Erinnerung wächst der Dank.
»Lobe den Herrn, meine Seele, und vergiß nicht, was er dir Gutes getan hat«, lautet – passend dazu – der Wochenspruch zum 14. Sonntag nach Trinitatis aus Psalm 103.
Der Samariter lebt, was das Psalmwort sagt. Er wird vom Evangelisten als Vorbild im Glauben hingestellt, wie sein Landsmann in Lukas 10,25–37 als Vorbild in der Nächstenliebe.
Ausgerechnet der Samariter! Manchmal kommen gerade die zurück, von

denen man es am wenigsten erwartet hätte. Pfarrerinnen und Pfarrer können ein Lied davon singen.
Weil der Samariter umkehrt, empfängt er das neue Leben, das eigentlich alle mit der Heilung bekommen sollten.
Jesu Reaktion darauf ist zunächst einmal sehr menschlich: In die Freude über den »umgekehrten« Samariter mischt sich Verärgerung über dessen neun ehemalige Leidensgenossen.
Am Ende steht jedoch das Versprechen: »Dein Glaube hat dir geholfen.« Der Glaube, der durch die Umkehr sichtbar wurde, hilft. Der Samariter gehört nun in die Gemeinschaft derer, die mit Jesus ziehen, wie vorher die Fischer, die ihre Boote verlassen.
Doch was wird mit den anderen geschehen, die nicht umgekehrt sind? Ich stelle sie mir vor, wie sie wieder gesund zuhause sitzen und noch viele Jahre lang ihren Angehörigen erzählen: »Also, auf diesen Jesus lasse ich nichts kommen. Er mag ja seine Fehler haben, aber als Arzt ist er wirklich gut.« Sie haben Jesus als etwas in Anspruch genommen, was er auch ist, aber eben nicht ausschließlich und damit befinden sie sich - blicken wir auf die Gegenwart - tatsächlich in großer Gesellschaft.
Dank, soviel schließe ich daraus, ist die Fähigkeit, das Gute nicht als selbstverständlich hinzunehmen. Wer dankt, zeigt, daß er beschenkt wurde. Es ist kein Zufall, daß unsere Gesellschaft sich damit ähnlich schwer tut, wie die Menschen zur Zeit Jesu.

Vorschläge zur Liturgie

Am 14. Sonntag nach Trinitatis ist, wenn nicht gerade ein örtliches Fest gefeiert wird oder ein Familiengottesdienst ansteht, die (kleine) Gruppe der treuen Gottesdienstbesucherinnen und -besucher unter sich. Wir predigen also vermutlich für eine Minderheit aus der immer noch großen Zahl der Kirchenmitglieder.

Lesungen
Psalm 146 (kann mit dem neuen EG im Wechsel gebetet werden); 1. Mose 28,10–19 a; Römer 8,14–17.

Lieder
Danke für diesen guten Morgen (EG 334); Du hast uns deine Welt geschenkt (in verschiedenen Lokalteilen des neuen EG. Als Beispiel: Ausgabe für Bayern und Thüringen, Nr. 612); Sollt' ich meinem Gott nicht singen (EG 325); Nun danket alle Gott (EG 321); Nun lob, mein Seel, den Herren (EG 289); Bewahre uns, Gott, behüte uns, Gott (EG 171).

Sündenbekenntnis
Gott, wir sind groß darin, zu fordern und Ansprüche zu stellen. Wir kennen unsere Rechte und wir zögern nicht, sie einzuklagen.
Aber wir sind klein, wenn es darum geht, uns einzusetzen für andere und ihre Belange; wir sind klein, wenn von uns einmal mehr erwartet wird als reine Pflichterfüllung.
Wir sind groß, wenn es um unser Geld geht, für das wir hart gearbeitet haben.
Wir sind klein, wenn es darum geht, freiwillig auf etwas zu verzichten.
Wir sind groß darin, Dankbarkeit einzufordern.
Wir sind klein, wenn wir selber danken.
Vergib uns unseren Kleinmut und unsere Selbstgerechtigkeit!
Wir rufen zu dir: Kyrie eleison …

Gnandenspruch
Barmherzig und gnädig ist der Herr, geduldig und von großer Güte. Er handelt nicht mit uns nach unsern Sünden und vergilt uns nicht nach unserer Missetat. Denn so hoch der Himmel über der Erde ist, läßt er seine Gnade walten über denen, die ihn fürchten. (Aus Psalm 103).

Kollektengebet
Gott, wieder feiern wir vor dir und mit dir Gottesdienst. Jede und jeder von uns steht in ihrer oder seiner ganz besonderen Lebenssituation. Für manche ist dieser Gottesdienst ein Dankgottesdienst, für andere aber ein Klagegottesdienst. Manche von uns freuen sich über etwas, andere wiederum sind voll Trauer oder auch Bitterkeit, weil sie Ungerechtigkeit und Leid erfahren. Gott, du kennst unser Leben. Schick … uns deinen Geist, damit wir uns, trotz unserer verschiedenen Erfahrungen, gegenseitig annehmen und dir gemeinsam dienen können. Darum bitten wir dich im Namen unseres Bruders Jesus aus Nazareth … der mit dir und dem Heiligen Geist lebt und regiert von Ewigkeit zu Ewigkeit.
(Wolfgang Döring, in: Neue Eingangs- und Fürbittengebete für die Sonn- und Feiertage des Kirchenjahres, hrsg. von Wolfgang Brinkel und Heike Hilgendiek, Gütersloh 1994, Seite 116; geringfügig gekürzt).

Fürbitten
Unser Gott, wir danken dir, daß du in unser Leben eingreifst, daß du uns in die Nachfolge rufst. Wir danken dir für die Gaben, mit denen du uns beschenkst: unser Leben, unsere Gemeinschaft zuhause und hier, in deiner Kirchengemeinde.
Wir danken dir, daß du uns in aller Unsicherheit Vertrauen und Hoffnung gibst und uns mit deiner Liebe begleitest.
Unser Gott, wir bitten dich: Laß die Menschen zum Maßstab unseres Handelns werden, die benachteiligt sind durch Armut oder Krankheit.

Laß unser aller Leben so zum Zeichen dafür werden, worauf es wirklich ankommt: deine Liebe und Gerechtigkeit.
Unser Gott, mit Jesus Christus hast du uns neue Maßstäbe des Lebens geschenkt: Schutz und Würde des Schwächeren, gerechtes Teilen des Wohlstands, Geschwisterlichkeit im Zusammenleben. Bestärke uns darin, dir nachzufolgen, dein Wort zu hören und aus deiner Gnade zu leben.
(Frei formuliert nach: Neue Eingangs- und Fürbittengebete, s. o., Seite 119).

Vorschläge zur Predigt

Der Text ist so eingängig, daß er ohne Hinführung vorgelesen werden kann.

Möglicher Anfang
Liebe Gemeinde! Zehn Männer hat Jesus vom Aussatz geheilt. Sie waren durch ihre Krankheit Ausgestoßene, konnten und durften am »normalen« Alltagsleben nicht mehr teilhaben, weil man die Ansteckung fürchtete.
Jesus gab ihnen die Gesundheit zurück und damit das Leben in ihrer Familien- und Dorfgemeinschaft.
Ein Wunder unter vielen, die von ihm erzählt werden. Was uns an dieser Geschichte auffällt, ist jedoch nicht dieses Wunder, sondern das Verhalten derer, die geheilt wurde. Sie waren zehn, aber nur einer von ihnen kommt nach seiner Heilung zu Jesus zurück. Nur einer gibt Gott die Ehre, wie Jesus es formuliert.
»Ja, ja, das ist der Lauf der Welt«, war mein erster Gedanke, und vermutlich kommt auch Ihnen in diesem Zusammenhang die eine oder andere Erinnerung.
Wohl kaum einer ist unter uns, der sich nicht schon das eine oder andere Mal über ein fehlendes »Dankeschön« geärgert hätte ...
Auch in der Kirche machen wir ja häufig die Erfahrung, daß Menschen, denen wir auf die eine oder andere Weise geholfen haben, uns deshalb nicht unbedingt wohlgesonnen sind ...
Aber - wie sieht es denn mit uns selber aus? Wenn ich mich beispielsweise in kirchlichen Gremien umhöre, dann wird vor allem geklagt: über schwindende Geldmittel, sinkenden Einfluß in der Gesellschaft usw. Man könnte meinen, wir wären über Nacht ein Armenhaus geworden. Gäste aus dem Ausland schütteln den Kopf, wenn sie uns so reden hören. Sie weisen darauf hin, wie gut es uns immer noch geht. Sich des eigenen Wohlergehens nicht bewußt zu sein ist aber ein Zeichen fehlender Dankbarkeit ...

Mittelteil
Was mag die neun anderen gehindert haben, zu Jesus zurückzukehren? War es die Sehnsucht nach der so lange Zeit vermißten Familie? Wollten sie so schnell wie möglich zurück nach Hause? Dachten sie vielleicht, alles

wäre mit der Vorstellung beim Priester, wie sie das Gesetz verlangt, erledigt? Oder waren sie einfach nur gleichgültig?
Wie die Antwort auch lautet, es bleibt ein bitterer Nachgeschmack. Hätte es nicht zum guten Ton gehört, sich zu bedanken?
Dank läßt sich nicht erzwingen. Er verliert seine Echtheit, wenn er eingeklagt wird.
Und Dank wird oft eingeklagt. Es beginnt in der Kindheit mit dem bekannten »Was sagt man denn zum Onkel/zur Tante, wenn man etwas bekommt?«, und es geht später weiter mit teils gutgemeinten, teilweise aber auch erpresserischen moralischen Appellen: »Du kannst dankbar sein, daß es dir so gut geht; du kannst dankbar sein, daß du eine geregelte Arbeit hast.«
Dankbarkeit kann mißbraucht werden. Nicht zufällig sprechen wir vom »dankbaren Opfer«, dessen Gutmütigkeit immer wieder ausgenutzt wird. Gerade die Kirche blickt in dieser Hinsicht auf eine unrühmliche Geschichte zurück. Oft genug werden vor allem kirchliche Mitarbeiterinnen als »dankbare Opfer« ausgebeutet: immer freundlich, immer hilfsbereit, unterbezahlt und dankbar, daß sie dienen dürfen …
Der Samariter aus unserer Geschichte hat allerdings einen guten Grund zu danken. Er ist gesund geworden, hat sein Leben wiederbekommen, wie die neun Leidensgefährten.
Doch im Unterschied zu ihnen kehrt er nicht in sein altes Leben zurück – er »kehrt um« zu Jesus. Das Geschenk der wiederhergestellten Gesundheit bedeutet ihm mehr als ein »weiter so wie früher«. Für ihn beginnt ein neues Leben, in dem er Gott die Ehre gibt …
Es ist nicht selbstverständlich, daß Menschen »umkehren« und wirklich Ernst machen mit dem Neuanfang. Das Wort Gottes stößt oft genug auf taube Ohren, gerade auch bei denen, die meinen, es in Ehren zu halten. Nicht zufällig ist es in unserer Geschichte der Außenseiter, der umkehrt, während die, die es besser wissen müßten, vergessen, was sie Gott schuldig sind …

Schluß
Blicken wir zurück auf unser Leben! Gab es Anlaß, Gott zu danken? Und sind wir ihm diesen Dank an der einen oder anderen Stelle schuldig geblieben?
Bei mir lautet die Antwort auf beide Fragen: »Ja«. Ich gehöre eher zu denen, die das Gute im Leben als selbstverständlich hinnehmen, und wenn ich unsere Gesellschaft betrachte, bin ich wohl nicht der einzige.
Es ist zutiefst menschlich, den Dank häufiger von andern zu erwarten als selbst zu leisten. Der Samariter will uns demgegenüber daran erinnern, daß das, was wir selbstverständlich finden, nicht selbstverständlich ist.
Blicken wir in den Spiegel, den der Samariter aus dem Predigttext uns vorhält. Vielleicht haben wir mehr Grund zur Dankbarkeit als wir vermuten! Amen.

Kontexte

»Halleluja reicht nicht aus, ÖTV ins Krankenhaus!«
(Gewerkschaftsparole zur Auseinandersetzung mit dem Arbeitgeber Kirche).

Dankgebete.
Die meisten sind so, als ob wir einem bösen Geiste dankten, daß er uns mit dem Unglück verschonet habe. Mehr Freude und Anschauung der göttlichen Güte als Dank dafür.
(Jean Paul, Ideen-Gewimmel, Frankfurt 1996, Seite 207).

Ist der Glaube pervertiert, wird sein Dank mindestens peinlich …
(Friedemann Oettinger, in: Textspuren, hg. von Peter Härtling, Bd. I, Stuttgart 1990, Seite 194).

Die Autorinnen und Autoren

Pfarrer Dr. Ernst Arfken, Göttingen; Pfarrerin Sabine Bäuerle, Frankfurt/M.; Pfarrer Hans Hermann Blettgen, Essen; Pfarrer Wolfram Braselmann, Rehburg-Loccum; Pfarrerin Birgit Brügge-Lauterjung, Duisburg; Pfarrer Stefan Claaß, Mainz; Pfarrer Dr. Albert Damblon, Korschenbroich-Herrenshoff; Pfarrer Dr. Klaus Dirschauer, Bremen; Pfarrer Kurt Dohm, Bremen; Pfarrer Bernd Giehl, Wiesbaden; Sozialpädagogin Susanne Gröpler, Neuruppin; Pfarrer Ralf Handelsmann, Kutenholz; Pfarrerin Barbara Heller, Schauenburg-Martinhagen; Pfarrer Eckhard Herrmann, Würzburg; Pfarrer Dr. Wolfgang Herrmann, Holzappel; Pfarrer Dr. Reiner Jansen, CH-Frenkendorf; Pfarrer Dr. Klaus Johanning, Schwerte-Villigst; Pfarrerin Ingrid Keßler-Woertel, Moormerland-Veenhusen; Pfarrer Christian Kollath, Glinde; Pfarrerin Cordelia Kopsch, Bad Homburg; Direktor Helmut Liersch, Braunschweig; Pfarrerin Sigrid Lunde, Bad Kreuznach; Pfarrer Karl-Heinz Risto, Zierenberg; Pfarrer Ulf Schlüter, Dortmund; Pfarrer Christoph Schmidt-Ehmcke, Münster; Pfarrer Günter Thomé, Essen; Pfarrerin Mechthild Werner, Landau; Pfarrerin Gerlinde Wnuck-Schad, Weingarten; Pfarrer Dietrich Zeilinger, Neckargmünd; Pfarrer Helmut Zeilinger, Freiburg/Brsg.; Dekan i.R. Klaus Zillessen, Ettenheim